RUSSEN & DEUTSCHE

1000 Jahre Kunst, Geschichte und Kultur

Kursbuch zur Ausstellung

herausgegeben von

Petersburger Dialog e. V.
Stiftung Preußischer Kulturbesitz

Staatliche Museen zu Berlin
Preußischer Kulturbesitz

Russen & Deutsche
1000 Jahre Kunst, Geschichte und Kultur

Kursbuch zur Ausstellung

Herausgegeben von
Petersburger Dialog e. V.
Stiftung Preußischer Kulturbesitz

Erarbeitet von Wilfried Menghin und Julienne Franke

Umschlagbild Rigafahrergestühl aus der Nikolaikirche Stralsund

Redaktion Friederike Terpitz, Ralf Kasper unter Mitarbeit von Lisa Röthinger

Bildbeschaffung Bianka Nessel, Museum für Vor- und Frühgeschichte – Staatliche Museen zu Berlin

Layout und Umschlaggestaltung Corinna Babylon, Berlin

Technische Umsetzung Ines Kalwert, Berlin

Karten Carlos Borrell, Berlin

www.cornelsen.de

1. Auflage, 1. Druck 2012

© 2012 Cornelsen Verlag, Berlin

Druck: Druckhaus Berlin-Mitte GmbH

ISBN 978-3-06-064351-6

 Inhalt gedruckt auf säurefreiem Papier aus nachhaltiger Forstwirtschaft.

Inhaltsverzeichnis

Grußwort 6

Vorwort 7

Einführung 8

I Altrussland und der Westen

Die Waräger: Handelsreisende zwischen Ostsee und Konstantinopel 10

Handelsrouten über Land: von Regensburg nach Kiew 12

Die Kiewer Rus und der lateinische Westen 14

Erste Handelskontakte mit Nowgorod 16

Die Schlacht am Peipussee 1242 18

II Nowgorod und die Hanse

Die Republik Nowgorod: Machtzentrum im Norden 20

Die deutschen Handelsniederlassungen 22

Alltag in den Nowgoroder Handelshöfen 24

Deutsche Bau- und Kunstdenkmäler 26

Nowgorod archäologisch 28

III Das Großfürstentum Moskau und der Westen

Die Unterwerfung Nowgorods durch Iwan III. 30

Iwan III. und das Heilige Römische Reich 32

Der habsburgische Diplomat Sigmund von Herberstein 34

Herbersteins Russlandkunde 36

Die habsburgische Gesandtschaft zu Iwan IV. 1575 38

Die Moskauer Gesandten in Regensburg 1576 40

Adam Olearius – Russlandexperte am Hof Christian Albrechts 42

Diplomatische Geschenke 44

Brandenburg-Preußen und der Moskauer Hof 46

IV Deutsche in Moskau

Spezialisten für das Moskauer Reich 48

Die Deutsche Vorstadt in Moskau 50

V Dynastische Beziehungen
Die Heiratspolitik russischer und deutscher Adelshäuser 52
Adlige Ehefrauen in der Fremde 54

VI Preußen und Sankt Petersburg
Das Bernsteinzimmer – ein diplomatisches Geschenk 56
Eine Staatsaffäre und die Gründung der Eremitage 58

VII Forscher und Gelehrte
Deutsche Akademiker in Russland 60
Russische Forschungsreisen mit deutscher Beteiligung 62
Völkervielfalt: die Sammlung Pallas 64
Russische Studenten an deutschen Universitäten 66

VIII Deutsche Kolonisten und Spezialisten im Russischen Reich
Nemcy – Fremde, Deutsche, Freunde, Feinde 68
Deutsche Siedler in Russland 70
Zwischen Orient und Okzident: der Kaukasus und seine Erschließung 72
Das Altaigebiet und seine Schätze 74

IX Bündnisse, Macht und Freundschaft
Russisches und deutsches Militär zur Zeit Napoleons 76
Russen und Deutsche im Banne Napoleons 78
Yorck von Wartenburg 80
Deutsch-russische Marinebeziehungen 82
Alexandrowka – ein russisches Dorf in Potsdam 84

X Literarische Wechselbeziehungen
Deutsche und russische Literatur im 19. Jahrhundert 86
Schukowski und die deutsche Literatur 88

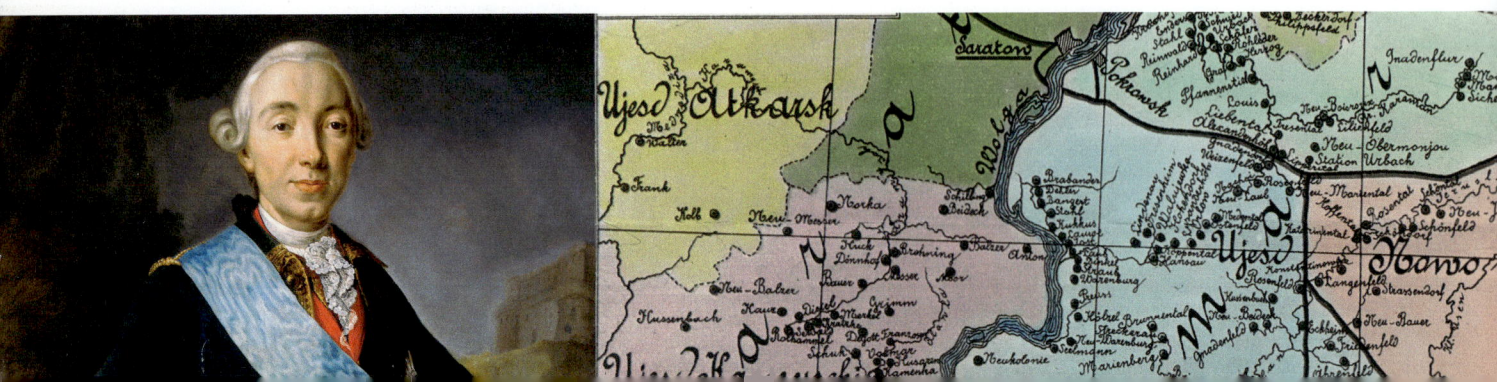

XI   Berührungen in den Künsten

Russische und deutsche Künstler in Rom 90

München, die Russen und „Der Blaue Reiter" 92

Heinrich Vogeler – von Worpswede nach Moskau 94

Deutsche Avantgardekunst in der Sowjetunion 96

Architektur – Modell und Wirklichkeit 98

Tanz und Theater – russische Gastspiele in Berlin 100

XII   Das 20. Jahrhundert

Deutsche Unternehmer und russische Industrie 102

Der Erste Weltkrieg 104

Der Zweite Weltkrieg 106

Verhaltene Freundschaft 108

„Niemand hat die Absicht, eine Mauer zu errichten" 110

Kulturgüter im Krieg 112

Anhang

Karten 114

Register 121

Textquellen 124

Bildquellen 126

Plan der Ausstellung im hinteren Innenumschlag

Grußwort

Deutsche und russische Kunst, Geschichte und Kultur stehen im Fokus des Deutschlandjahres in Russland und des Russlandjahres in Deutschland 2012/13 und symbolisieren nahezu perfekt und umgreifend die vielfältigen und teils auch wechselvollen Verbindungen zwischen beiden Staaten und ihrer Bevölkerung. Die deutsch-russischen Beziehungen, die vor etwa einem Jahrtausend einsetzten, überstanden auch schwierigste Zeiten und erreichten immer wieder ganz neue Qualitäten. Aufgrund der räumlichen Entfernung gab es weniger direkte nachbarschaftliche Beziehungen, die das Verhältnis zueinander prägten, als vielmehr Ereignisse und Fernkontakte von besonderer historischer Relevanz, weil nur sie in der Lage waren, über die Distanz hinweg zu wirken. Stets jedoch waren diese Berührungen mit der Bewegung von Menschen und Ideen verbunden und haben über politische und sprachliche Barrieren hinweg enge Verbindungen und Seelenverwandtschaften geschaffen. Das vorgelegte Kursbuch möchte vor allem auch der jüngeren Generation einen kompakten Überblick über diese Verbindungen bieten.

Wilfried Menghin, dem langjährigen Direktor des Museums für Vor- und Frühgeschichte der Staatlichen Museen zu Berlin Preußischer Kulturbesitz, der das Konzept entwickelte und mit unermüdlichem Einsatz gemeinsam mit Julienne Franke ganz wesentlich zum Gelingen dieses Kursbuches beigetragen hat, danke ich ausdrücklich.

Eine besondere Würdigung gebührt Martin Hoffmann vom Petersburger Dialog e.V., der in kulturpolitischer Weitsicht die Grundidee zu dieser Begleitpublikation hatte und sich mit Leidenschaft für deren Umsetzung einsetzte.

Hermann Parzinger
Präsident der Stiftung Preußischer Kulturbesitz, Berlin

Vorwort

Verständigung und Verstehen ist das Anliegen der Ausstellung „Russen und Deutsche – 1000 Jahre Kunst, Geschichte und Kultur". Sie befasst sich mit den gegenseitigen Beeinflussungen von den Anfängen an, zeigt ihre wechselvolle Geschichte über die Katastrophen des 20. Jahrhunderts hinaus bis ins Heute und betont die unterschiedlichen Aspekte des Neben- und Miteinanders beider Völker, die am Beginn des 21. Jahrhunderts von beiden Seiten überwiegend positiv bewertet werden.

Die 2012 in Moskau und Berlin präsentierte Ausstellung mit über 600 höchstrangigen Exponaten wird von Objektkatalogen sowie einem Essayband, jeweils in deutscher und russischer Sprache, begleitet. Mehr als 60 russische und deutsche Wissenschaftler haben darin mit ihren Beiträgen einen Zeitraum von mehr als 1000 Jahren beleuchtet. Diese Aufsätze sind die Grundlage für das vom Petersburger Dialog e. V. und der Stiftung Preußischer Kulturbesitz im Cornelsen Verlag herausgegebene „Kursbuchs zur Ausstellung", das als pädagogische Ergänzung zum Verständnis der Ausstellungsthemen konzipiert ist.

Unser Dank gilt allen, die an der Entstehung beteiligt waren und ohne deren Engagement das Kursbuch in der Kürze der Zeit nicht auf den Weg gebracht worden wäre: dem Ausstellungsteam des Museums für Vor- und Frühgeschichte, Berlin, den Autoren des Essaybandes, deren Beiträge wir für die Erstellung der Texte nutzen durften, sowie den Bildeigentümern für die Abbildungsvorlagen.

Schließlich ist der Redaktion des Cornelsen Verlags zu danken, die das Manuskript in professioneller Art aufbereitete.

Berlin, im Juli 2012

Matthias Wemhoff
Museumsdirektor und Landesarchäologe
Staatliche Museen zu Berlin

Wilfried Menghin
Museumsdirektor a. D.

Interaktionen zwischen Rhein und Wolga

In der mehr als 1000-jährigen Geschichte von Deutschen und Russen waren gemeinsame Grenzen die seltene Ausnahme. Schon wegen der geografischen Gegebenheiten war das Verhältnis zueinander durch Fernkontakte geprägt, die weit vor die Entstehung eines ersten deutschen und russischen Staatsgebildes im 10. Jahrhundert zurückreichten. Weiträumige Verbindungen gab es schon in frühester Zeit, wobei sie immer mit großräumigen epochalen Ereignissen oder Abläufen in Zusammenhang standen. Wildbeuter stießen im 6. vorchristlichen Jahrtausend aus den Gebieten nordwestlich des Kaspischen Meeres durch Nordrussland bis ins Baltikum vor, und gegenläufig breiteten sich frühe Ackerbauernkulturen von Mitteleuropa bis in die westliche Zone des eurasischen Steppen- und Waldsteppengürtels aus.

Vorgeschichte

Auch die folgenden prähistorischen Perioden lassen konstant die gegenseitige zivilisatorische Beeinflussung erkennen, deren deutlichste Erscheinung der schnurkeramische Kulturkreis ist, der im 3. vorchristlichen Jahrtausend Mitteleuropa ostwärts des Rheins mit Mittel- und Nordrussland verband. Schließlich ließen sich in den materiellen Hinterlassenschaften der eisenzeitlichen Kulturen Mitteleuropas deutliche Einflüsse früher Reiternomaden aus dem nordpontischen Steppengebiet nachweisen, die auf das Vordringen skythischer Völkerschaften nach Westen zurückzuführen sind.

Die Verbindungswege zwischen dem Osten und dem Westen des Kontinents waren dabei von Anfang an meist dieselben. Eine Passage führte von Südrussland über den Unterlauf der Donau ins Karpatenbecken und weiter stromaufwärts ins südliche Mitteleuropa, der andere Weg folgte dem Karpatenbogen nördlich nach Westen und erreichte über Südpolen die Oberläufe von Oder und Elbe. Die Ostsee bildete den zentralen Kommunikationsraum für eine nördliche West-Ost- und für eine Nord-Süd-Verbindung über die Flüsse im östlichen Mittel- und in Osteuropa. Vom südlichen Ostseegebiet zogen gotische Völkerschaften seit der Zeitenwende die Weichsel aufwärts bis nach Südrussland. Die Svea und andere Skandinavier drangen als Waräger im frühen Mittelalter über die Düna oder den Wolchow und den Dnjepr bis ans Schwarze Meer und Konstantinopel vor oder sie reisten über die Wolga bis ans Kaspische Meer. Bevölkerungsverschiebungen und Wanderungen sind in schriftlosen Zeiten nur mit archäologischen Mitteln und dann wie im Zeitraffer zu erfassen. Dabei zeigt sich, dass im Interaktionsraum zwischen Rhein und Wolga die Impulse unterschiedlicher Art und Intensität je nach Epoche in westliche wie in östliche Richtung gehen konnten.

1 Steinaxt und schnurkeramischer Becher, gefunden auf dem Gräberfeld von Könnern (Sachsen-Anhalt), 3. Jahrtausend v. Chr. Die Funde befinden sich heute in St. Petersburg.

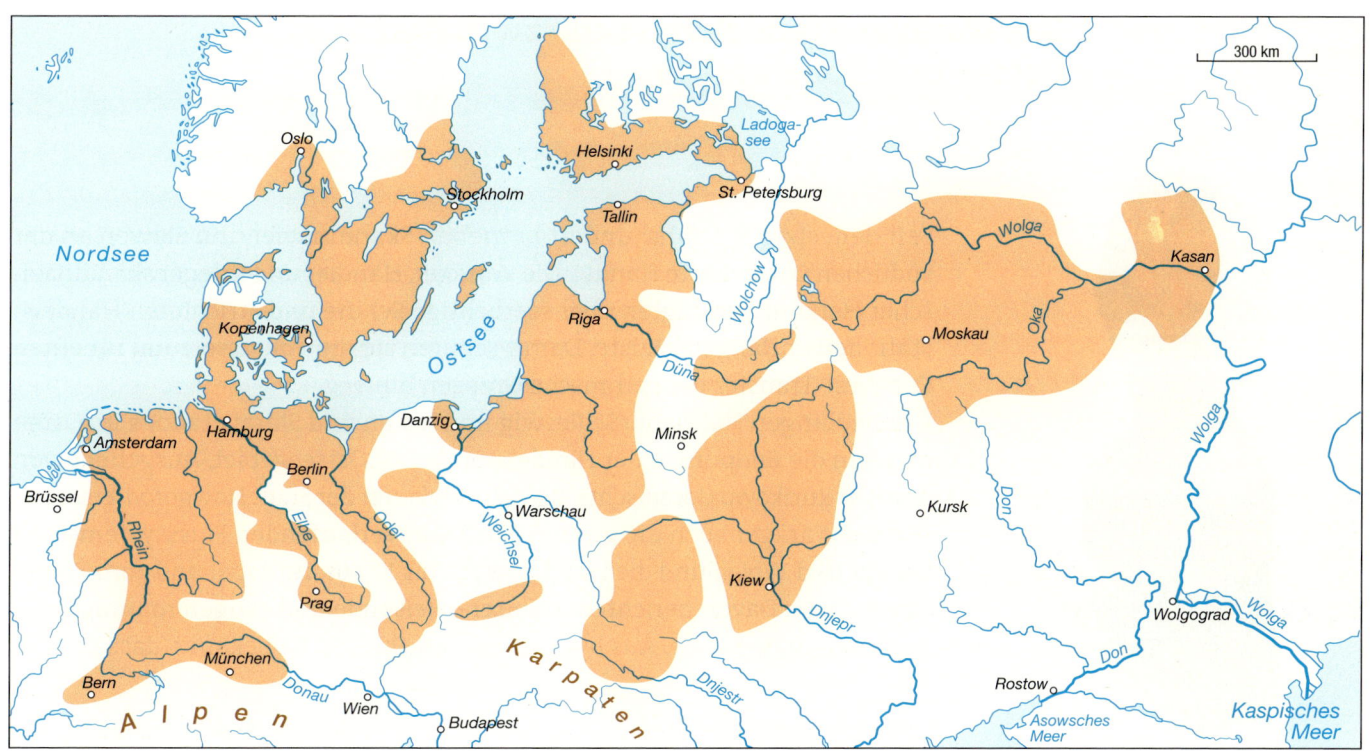

Mittelalter

Mit dem Zerfall der gotischen Reiche in Südrussland und der Abwanderung der germanischen Stämme aus dem östlichen Mitteleuropa im 4./5. Jahrhundert siedelten slawischen Völkerschaften aus den Gebieten am mittleren Dnjepr diese bevölkerungsarmen und herrschaftsfreien Räume auf. Östlich des Frankenreiches kam es noch im 7./8. Jahrhundert zu überregionalen Herrschaftsbildungen, die dann um 1000 längst zu gefestigten christlichen Reichen geworden waren. Die polnischen Herzöge und die Großfürsten der Kiewer Rus konkurrierten in wechselnden Allianzen mit dem Heiligen Römischen Reich unter den Ottonen, Saliern und Staufern um die Vorherrschaft in Osteuropa, wobei der Gegensatz zwischen lateinischem Katholizismus und griechischer Orthodoxie eine wesentliche Rolle spielte.

Im Hohen Mittelalter kehrte sich mit der herrschaftlichen Erfassung der slawischen Gebiete zwischen Elbe und Oder durch die deutsche Ostsiedlung die Entwicklung um. Durch die Errichtung eines deutschen Ordensstaates zu Beginn des 13. Jahrhunderts und die Aufsiedlung des nördlichen Baltikums durch Menschen vornehmlich aus Sachsen und Westfalen kam es erstmalig in der Geschichte zu einer gemeinsamen Grenze zwischen Livland und dem Territorium von Groß-Nowgorod und damit zu einer ersten direkten Nachbarschaft von Deutschen und Russen. Konflikte waren ebenso die Folge wie intensive wirtschaftliche Beziehungen und eine bis heute nachwirkende gegenseitige kulturelle Befruchtung.

2 Verbreitung der schnurkeramischen Kultur im 3. Jahrtausend v. Chr. zwischen Rhein und Wolga

Die Waräger: Handelsreisende zwischen Ostsee und Konstantinopel

1 „Nowgoroder Hausgott", Holzskulptur, Höhe 15 cm, 10./11. Jh. Gefunden bei Ausgrabungen in Schleswig.

Seit dem späten 8. Jahrhundert betrieben Skandinavier und Slawen an der südlichen Ostseeküste Handel. Die Waräger, Händler und Krieger skandinavischer Herkunft, verfügten über seetüchtige Schiffe und errichteten Handelsstationen entlang der Küste. Damit schufen sie die Voraussetzung für einen Ost-West-Transfer über ethnische Grenzen hinweg.

Die Siedlungen Haithabu/Schleswig im Westen und Staraja Ladoga im Osten bildeten die Endpunkte der Handelsrouten im Ostseegebiet. Ausgehend von dem Ort Rurikowo Gorodischtsche, dem Vorläufer der Stadt Nowgorod, erschlossen die Waräger auch die großen Nord-Süd verlaufenden Flusssysteme von Dnjepr und Wolga und die Handelswege bis Konstantinopel und zum Kaspischen Meer. Davon berichten arabische Reisende und zeugen mannigfache archäologische Funde. Aus byzantinischen Quellen ist bekannt, dass die kai-

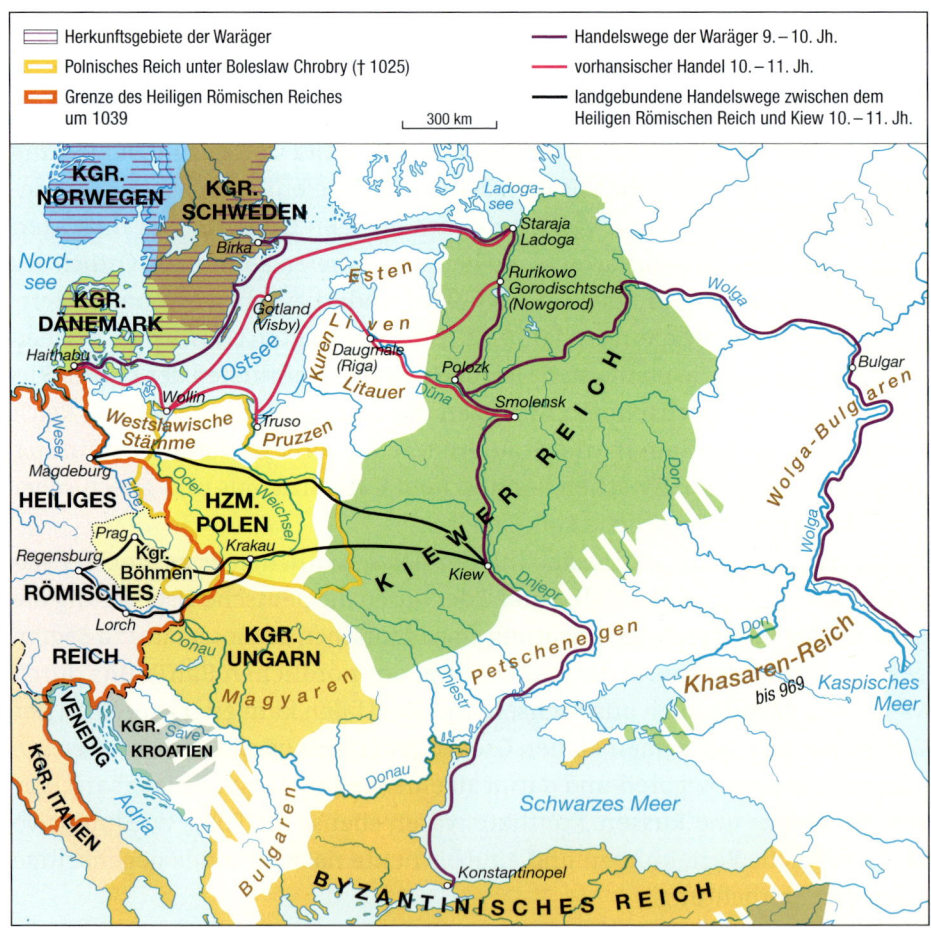

2 Handels- und Kommunikationswege im östlichen Europa vom 9. bis 11. Jh.

800 Kaiserkrönung Karls des Großen   **955** Taufe der Fürstin Olga/Helena von Kiew in Konstantinopel

862 Fürst Rurik gründet Rurikowo Gorodischtsche

839 Rus bei Kaiser Ludwig dem Frommen in Ingelheim   Erster Kreuzzug ins Heilige Land **1096–1099**

1019–1054 Jaroslaw der Weise

919–1024 Könige und Kaiser der Ottonen

8./9. Jh. Normanneneinfälle im Frankenreich   Könige und Kaiser der Salier **1024–1125**

serliche Garde in Konstantinopel (altskand. Miklagard = Große Stadt) überwiegend aus Skandinaviern bestand.

Luxusgüter aus Konstantinopel

Über die großen Flüsse gelangten exotische Waren ins Siedlungsgebiet der slawischen Stämme am mittleren Dnjepr und weiter bis zu den Küsten der Ostsee: Karneolperlen, Bergkristall aus dem Kaukasus, Spinnwirtel aus rotem Schiefer aus der nördlichen Ukraine und sogenannte Kiewer Eier aus glasiertem Ton, die in der östlichen Liturgie Verwendung fanden. Zudem darf mit vielen Luxusgütern aus Konstantinopel und dem Kalifat wie kostbaren Stoffen, Gewürzen, Weihrauch und wahrscheinlich auch Wein gerechnet werden, die archäologisch nicht nachzuweisen sind.

Die Intensität des Transithandels der Waräger belegen Unmengen von arabischen Silbermünzen (*dirrhem*), die über ihren Silbergehalt Werkstoff für den bei den Slawen beliebten Schmuck und zugleich Basis der vom 8. bis zum 11. Jahrhundert im östlichen Europa florierenden Gewichtsgeldwirtschaft waren.

Die Waräger und die Entstehung der *Rus*

Inwieweit die Waräger an der Herrschaftsbildung der Rus beteiligt waren, ist immer noch Thema der archäologisch-historischen Diskussion. Nach altrussischer Überlieferung gründete Stammvater Rurik im Jahr 862 den Ort Rurikowo Gorodischtsche. Die schwierige Quellenlage und die offene Frage, ob Rurik slawischer oder warägischer Herkunft war, lässt Raum für nationale Denkmuster. In neutraler Sichtweise war es wohl das gemeinsame Anliegen der Waräger/Rus und der lokalen ostslawischen und sonstigen ethnischen Eliten, die Handelswege entlang der großen Flüsse zu sichern. Nach der altrussischen Chronik zum Jahr 859 heißt es jedenfalls, dass die Rus „von jenseits des Meeres" gegen die Khasaren, denen die slawischen Völker am mittleren Dnjepr tributpflichtig waren, zu Hilfe gerufen wurden. Ein Zusammenhang zwischen Skandinaviern und Rus findet sich auch in den westfränkischen Annalen für das Jahr 839, die über die Ankunft einer Gesandtschaft in der Pfalz Ingelheim berichten. Die Reisenden waren auf dem Rückweg von Konstantinopel, wohin sie ihr Großfürst (*khagan*) geschickt hatte. Sich selbst und ihr Volk bezeichneten sie als „Rhos" und gaben an, ursprünglich aus Schweden zu stammen. Sie baten, durch das Frankenreich zurückkreisen zu dürfen, da der direkte Weg wegen der Magyarenüberfälle zu gefährlich sei.

3 „Kiewer Ei", glasierter Ton mit eingebrannter Bemalung, Höhe 4,3 cm, 9./10. Jh. Gefunden bei Ausgrabungen in der wikingerzeitlichen Siedlung Haithabu/Schleswig.

RURIKIDEN

Russisches Herrschergeschlecht, das von dem legendären Rurik abstammte und bis 1598 regierte.

RUS

Bezeichnung für die ostslawische Bevölkerungsmehrheit und deren Herrschaftsverband (Kiewer Rus, 10. bis 13. Jh.)

1200   1300   1400   **1500**

1237–1241 „Mongolensturm"

1138–1254 Könige und Kaiser der Staufer

Handelsrouten über Land: von Regensburg nach Kiew

Im Vergleich zu dem nachgewiesenen frühen Handel im Ostseeraum und entlang der großen Flüsse Russlands ist die Quellenlage für die landgebundenen Routen des West-Ost-Handels spärlich. Trotzdem lässt sich erschließen, dass der Austausch mit den slawischen Ländern jenseits der Ostgrenze des Karolingerreiches schon im 8. Jahrhundert beachtlich war. Darauf verweist das Diedenhofener Kapitular Karls des Großen vom 24. Dezember 805, das ein dezidiertes Ausfuhrverbot für Waffen und Rüstungen in die Länder der Slawen vorsieht. Es wurde mit einer Kette von Zollstationen kontrolliert, die von Bardewiek, Schesel und Magdeburg in Sachsen, Erfurt, Hallstadt und Forchheim in Franken bis nach Premberg, Regensburg und Lorch reichte. Bei Zuwiderhandlung kam es zur Beschlagnahmung, wobei die Hälfte des Warenwertes der Krone zufiel und die andere Hälfte zwischen dem Entdecker und dem örtlich zuständigen Grafen geteilt wurde. Dass die Hightechprodukte des fränkischen Waffenhandwerks dennoch auf verschiedensten Wegen ihre Kunden in Skandinavien und weit in Russland erreichten, belegen die zahlreichen dort gefundenen Schwerter mit fränkischen Klingeninschriften.

Marktplätze zwischen Bayerischer Ostmark und Großmährischem Reich
Ähnlich wie die Marktorte (Emporien) an den Küsten der Ostsee, die zugleich Produktionsstätten mit einer multiethnischen Bevölkerung waren, entstanden im Laufe des 9. Jahrhunderts Marktplätze entlang der Donau, die die Grenze zwischen der Bayerischen Ostmark und dem Großmährischen Slawenreich markierte. Hierhin kamen Böhmen und Russen, um mit Sklaven, Wachs, Honig und Pelzen Handel zu treiben.

Aber auch nach dem Einfall der Magyaren und dem Untergang des Großmährischen Reiches gab es direkten Handel zwischen Westslawen und Deutschen. So berichtete der aus dem Kalifat Cordoba stammende Händler Ibrahim ibn Jaqub in den 960er Jahren, dass auf den größten Markt der Region, dem böhmischen Hauptort Prag, „aus der Stadt Krakau die Rus und die Slawen mit Waren kommen". Wie sehr im 9. und 10. Jahrhundert die Berichte von Fernhändlern das Wissen um weit entfernte Gebiete erweiterten, bezeugt die Völkertafel des sogenannten „Bayerischen Geographen" aus der Zeit Ludwig des Deutschen: Unter den Völkern, die in den Ländern nördlich der Donau aufgezählt werden, finden sich auch die *Ruzzi*, also Russen. Wie sich die Berührung der landgebundenen West-Ost-Handelsrouten mit den über die Ostsee und den Nord-Süd verlaufenden Wegen der skandinavischen Waräger im Land der Rus gestaltete, bleibt der Spekulation überlassen.

1 Schwert mit Klingeninschrift VLFBERHT, gefunden im ehemaligen Gouvernement Kasan (mittleres Wolgagebiet), 10. Jh.

750	800	900	1000	1100

800 Kaiserkrönung Karls des Großen   **955** Taufe der Fürstin Olga/Helena von Kiew in Konstantinopel

862 Fürst Rurik gründet Rurikowo Gorodischtsche

839 Rus bei Kaiser Ludwig dem Frommen in Ingelheim   Erster Kreuzzug ins Heilige Land **1096–1099**

1019–1054 Jaroslaw der Weise

919–1024 Könige und Kaiser der Ottonen

8./9. Jh. Normanneneinfälle im Frankenreich   Könige und Kaiser der Salier **1024–1125**

Beziehungen zwischen Regensburg und Kiew

Ein wichtiger Ausgangspunkt des Fernhandels war Regensburg. Im Kirchenbuch des Klosters Sankt Emmeram ist zum Jahr 1179 verzeichnet, dass ein gewisser Hartwig aus der Dienerschaft eines Klosters im Lande der Rus (*Ruscia*) in einer Stadt, die Kiew (*Chieb*) hieß, dem Kloster per Wechsel 18 Talente Silber überwies, die wohl aus Handelsgeschäften mit der Kiewer Rus stammten.

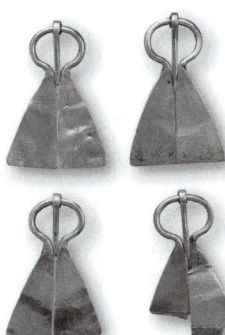

In die Zeit vor 1020 reicht die Legende von Marianus, dem Gründer des Schottenklosters Sankt Jakob in Regensburg, zurück. In ihr heißt es, dass in Kiew ein Mönch namens Mauritius von Fürst Wladimir Wsewolodowitsch Monomach und anderen Vornehmen der Stadt Pelze im Wert von 100 Mark erhielt, mit denen das Kloster Sankt Jakob fertig gebaut werden konnte. Weiter heißt es, dass Mauritius russische Kaufleute mit nach Regensburg brachte.

Die privilegierte Stellung der Regensburger Kaufleute im Russlandhandel (*Ruzzarii*), ist auch anhand verschiedener Zollordnungen aus dem späten 12. Jahrhundert nachzuweisen. Und dass die Regensburger Kaufmannschaft in Kiew einen Hof besaß, darf aus der Existenz des dortigen Schottenklosters Santa Maria geschlossen werden, das 1242 von den Tataren zerstört wurde.

Vermutlich gab es auch in den Städten entlang der Handelsrouten von Regensburg nach Kiew vergleichbare Handelskontore, also in Prag, Krakau, Wladimir, Wolynsk oder Przemysl. Dass sich daneben weitere, ähnlich organisierte landgebundene Handelswege in die Länder der Rus entwickelten, etwa von Magdeburg aus, ist anzunehmen. Umgekehrt gelangten Schmuck und Trachtbestandteile entweder als Handelsgut oder individueller Besitz weit nach Westen.

2 Schatzfund von Augst bei Basel, Silberschale, Gürtelschnallen und Ohrringe aus dem östlichen Russland, 11. Jh.

1200   1300   1400   **1500**

1237–1241 „Mongolensturm"

1138–1254 Könige und Kaiser der Staufer

Die Kiewer Rus und der lateinische Westen

Im Verlauf des 9. Jahrhunderts hatten die Fürsten der Kiewer Rus unter Oleg dem Weisen († 912/13) die slawischen Stämme auch am mittleren Dnjepr herrschaftlich zusammengefasst. Es lag in ihrem politischen Interesse, die Handelswege von der Ostsee nach Konstantinopel zu sichern. Schon 907 waren sie mächtig genug, Konstantinopel zu belagern, und 911, einen Handelsvertrag mit dem byzantinischen Kaiser abzuschließen.

Das orthodoxe Christentum wird Staatsreligion

Zur gleichen Zeit hatte die griechisch-orthodoxe Mission nach Norden ausgegriffen. Im Jahr 867 teilte der Patriarch von Konstantinopel dem Papst in Rom mit, dass die „räuberischen, für ihre Grausamkeit bekannten Rus zum Christentum" bekehrt seien und er sie mit Priestern und einem Bischof ausgestattet habe.

Im 10. Jahrhundert weitete sich mit den Siegen Ottos I. über die Böhmen und Magyaren auch die Interessensphäre des römischen Kaisertums weit nach Osten aus. Die Rus wiederum sahen die politische Notwendigkeit, nicht nur mit Byzanz, sondern auch mit dem Kaiser im Westen Kontakt aufzunehmen, um einseitige Abhängigkeiten zu vermeiden. Großfürstin Olga von Kiew, die sich in Konstantinopel nach griechisch-orthodoxem Ritus hatte taufen lassen,

1 Fürst Jaropolk von Kiew und seine Frau Kunigunde (linke und rechte Figur im Vordergrund), Miniatur aus dem Gertrudis Psalter, eine Hinzufügung im Egbert Psalter, 980

schickte 959 eine Gesandtschaft zu Otto I. nach Quedlinburg und bat um Priester und einen Bischof für ihr Reich. Otto ließ Adalbert zum Missionsbischof für das Volk der Rus weihen und schickte ihn, wohl ausgestattet, nach Kiew. Seinen Auftrag konnte Adalbert nicht mehr erfüllen, weil Olga 962 gestorben war und sich unter ihrem Nachfolger eine heidnische Reaktion im Volk verbreitete.

20 Jahre später heiratete Wladimir I. eine Tochter des byzantinischen Kaisers Basileios II. und machte 989 das orthodoxe Christentum unter dem Patriarchat von Konstantinopel zur Staatsreligion.

Heiratsbeziehungen zwischen Heiligem Römischem Reich und Kiewer Rus

Obwohl sich zwischen das Heilige Römische Reich und die Kiewer Rus geografisch das aufstrebende Königreich Polen geschoben hatte, kam es in der zwei-

---

750   800   900   1000   1100

Taufe der Fürstin Olga/Helena von Kiew in Konstantinopel **955**

862 Fürst Rurik gründet Rurikowo Gorodischtsche

Kaiser Heinrich IV. heiratet die Kiewer Prinzessin Eupraxia/Adelheid **1089**

839 Rus bei Kaiser Ludwig dem Frommen in Ingelheim

Erster Kreuzzug ins Heilige Land **1096–1099**

800 Kaiserkrönung Karls des Großen

1019–1054 Jaroslaw der Weise

919–1024 Könige und Kaiser der Ottonen

8./9. Jh. Normanneneinfälle im Frankenreich

Könige und Kaiser der Salier **1024–1125**

ten Hälfte des 11. Jahrhunderts zu intensiven politischen Beziehungen, die ihren Ausdruck in den Eheschließungen zwischen dem deutschen Hochadel und den Rurikiden fanden. Die Heirat Heinrichs IV. mit Eupraxia, in Deutschland Adelheid genannt, war Höhe- und zugleich Endpunkt der Heiratsdiplomatie. Eupraxia war die Tochter des Großfürsten Wsewolod von Kiew, Witwe des Grafen Heinrich von Stade. Möglicherweise war es die Affäre um die Scheidung im Jahr 1095, weshalb später Eheschließungen auf höchster gesellschaftlicher Ebene nicht mehr zu verzeichnen sind. Das heißt aber nicht, dass sich die Rus vom lateinischen Westen abschotteten, wie die Heiratsverbindungen der Rurikiden mit der katholischen Dynastie der Piasten in Polen zeigen.

Zwei königliche Armspangen

Politische Beziehungen zwischen dem Heiligen Römischen Reich und der Rus bestanden auch im 12. und 13. Jahrhundert weiter. Der Großfürst von Wladimir-Susdal Andrei Bogoljubski († 1174) entwickelte im neuen Zentrum der Rus im nordöstlichen Russland eine rege Bautätigkeit mit westlichen Einflüssen. Er rühmte sich, mit Kaiser Friedrich I. Barbarossa verwandt zu sein, der ihm auch die Bauleute aus seinem Reich geschickt habe. Rätselhaft bleibt in diesem Zusammenhang die Herkunft der beiden einzigartigen Armspangen (*Armillae*) aus gebogenen Kupferplatten mit der emaillierten Darstellung einer Kreuzigungs- bzw. Auferstehungsszene auf vergoldetem Grund. Sie gehörten bis um 1900 zum Inventar der Mariä-Entschlafens-Kirche in Wladimir bzw. zu einem Kloster in der Nähe von Bogoljubowo-Gorod und befinden sich heute im Germanischen Nationalmuseum Nürnberg und im Pariser Louvre.

Die zwischen 1170 und 1180 im Rhein-Maas-Gebiet geschaffenen Armspangen höchster handwerklicher Qualität gehörten ursprünglich zum Ornat eines deutschen Königs und Kaisers und stammten wohl aus dem Besitz Barbarossas oder eines seiner staufischen Nachfolger bis Friedrich II. (1212–1250).

Die Hintergründe, wie und weshalb diese königlichen Insignien nach Wladimir gelangten, ist nicht bekannt, aber gerade als Paar sind die Armillen sicher Beleg für politische Allianzen auf höchster gesellschaftlicher Ebene.

2 Armspange, Kupferplatten mit Email auf vergoldetem Grund mit Kreuzigungsszene, Rhein-Maas-Gebiet, um 1170/80

1200   1300   1400   **1500**

1174 Tod des Großfürsten Andrei Bogoljubski

1237–1241 „Mongolensturm"

1138–1254 Könige und Kaiser der Staufer

Erste Handelskontakte mit Nowgorod

Gotland mit seinem Handelsstützpunkt Visby war im 11. und 12. Jahrhundert das wichtigste Zentrum des Ostseehandels. Kaufleute aus verschiedenen norddeutschen Städten reisten auf die Insel, um mit Russland ins Geschäft zu kommen. Sie gründeten die „Gemeinschaft der Gotland besuchenden Kaufleute des Römischen Reiches", um sich zusammen mit Gotländern und Russen von Gotland aus auf den Weg nach Nowgorod zu machen. Die Nowgoroder hatten seit dem frühen 11. Jahrhundert auf Gotland einen Handelshof mit einer dem Hl. Nikolaus, dem Patron der Reisenden, geweihten Kirche. Umgekehrt gründeten die Gotländer in Nowgorod den „Gotenhof", eine eigene Handelniederlassung mit einer Olafskirche.

Von Stettin nach Nowgorod in 14 Tagen

Aber auch an anderen Handelsplätzen kamen deutsche und russische Kaufleute zusammen. So hatten die Nowgoroder Kaufleute bereits im 11. Jahrhundert Beziehungen mit dem slawischen Wollin, der Vorgängersiedlung von Stettin an der Odermündung, aufgenommen. Adam von Bremen berichtet 1075 in seiner Bischofsgeschichte der Hamburger Kirche, dass dort „Griechen" anzutreffen seien, womit wohl Orthodoxe und damit Nowgoroder gemeint sind, und auch Sachsen das Niederlassungsrecht besaßen. Zudem vermerkt er, man würde von Wollin aus in 14 Tagen Segelfahrt nach Nowgorod gelangen.

Die Erste Nowgoroder Chronik berichtet zum Jahr 1165 von Stettinfahrern aus Nowgorod (*schetinizi*), die in ihrer Heimat eine Dreifaltigkeitskirche errichteten. In derselben Chronik wird für die 1130er Jahre die Rückkehr von Nowgoroder Handelsschiffen aus Dänemark und Gotland erwähnt, wobei das maßgebliche Ereignis die Beschlagnahmung der russischen Schiffe und Handelswaren durch die Dänen im Hafen von Schleswig war. Im dänischen Schleswig an der Schlei, in dem sich seit langem auch Friesen und Sachsen als Kaufleute niedergelassen hatten, wurden dann nochmals 1156 dezidiert russische Schiffe im Hafen erwähnt.

Handelsverträge zwischen Deutschen, Gotländern und Russen

Verträge schafften Rechtsverbindlichkeiten: So erlaubte z. B. der Kölner Erzbischof Reinald 1165 der westfälischen Stadt Medebach den Handel mit den Dänen und bis hin nach Russland (*Rucia*). Von Bedeutung war die Schenkungsurkunde Kaiser Friedrichs I. Barbarossa von 1188, die Friedrich II. 1226 bestätigte und die den „Russen, Goten, Normannen und anderen östlichen Völkern" erlaubte, in Lübeck zollfrei Handel zu treiben.

---

750   800   900   1000   1100

800 Kaiserkrönung Karls des Großen

955 Taufe der Fürstin Olga/Helena von Kiew

Erster Kreuzzug ins Heilige Land **1096–1099**

Könige und Kaiser der Salier **1024–1125**

919–1024 Könige und Kaiser der Ottonen

8./9. Jh. Normanneneinfälle im Frankenreich

Gotland Zentrum des Ostseehandels **11./12. Jh.**

Ein erster bilateraler Handelsvertrag, der wahrscheinlich 1191/92 zwischen den kooperierenden Deutschen und Gotländern mit Nowgorod geschlossen und 1259/1263 bestätigt wurde, gewährte „allen Deutschen, Goten und Lateinsprachigen" gegenseitige Rechtssicherheit bei den Handelsfahrten in das „Deutsche Land" und zum „Gotischen Ufer", d.h. nach Nowgorod.

Die expansive Handelspolitik der deutschen Kaufleute belegt auch ein 1229 in Nowgorod zwischen der Stadt Riga und dem Fürstentum von Smolensk geschlossener Vertrag. Beteiligt waren neben Gotländern und drei Lübecker Kaufleuten je zwei Bürger aus Soest, Münster und Dortmund sowie einer aus Bremen. Der Vertragstext erwähnt einen deutschen Handelshof und eine lateinische Marienkirche in Smolensk, deren Grundmauern aus der zweiten Hälfte des 12. Jahrhunderts archäologisch untersucht sind.

1 Mittel- und Osteuropa im 13./14. Jahrhundert

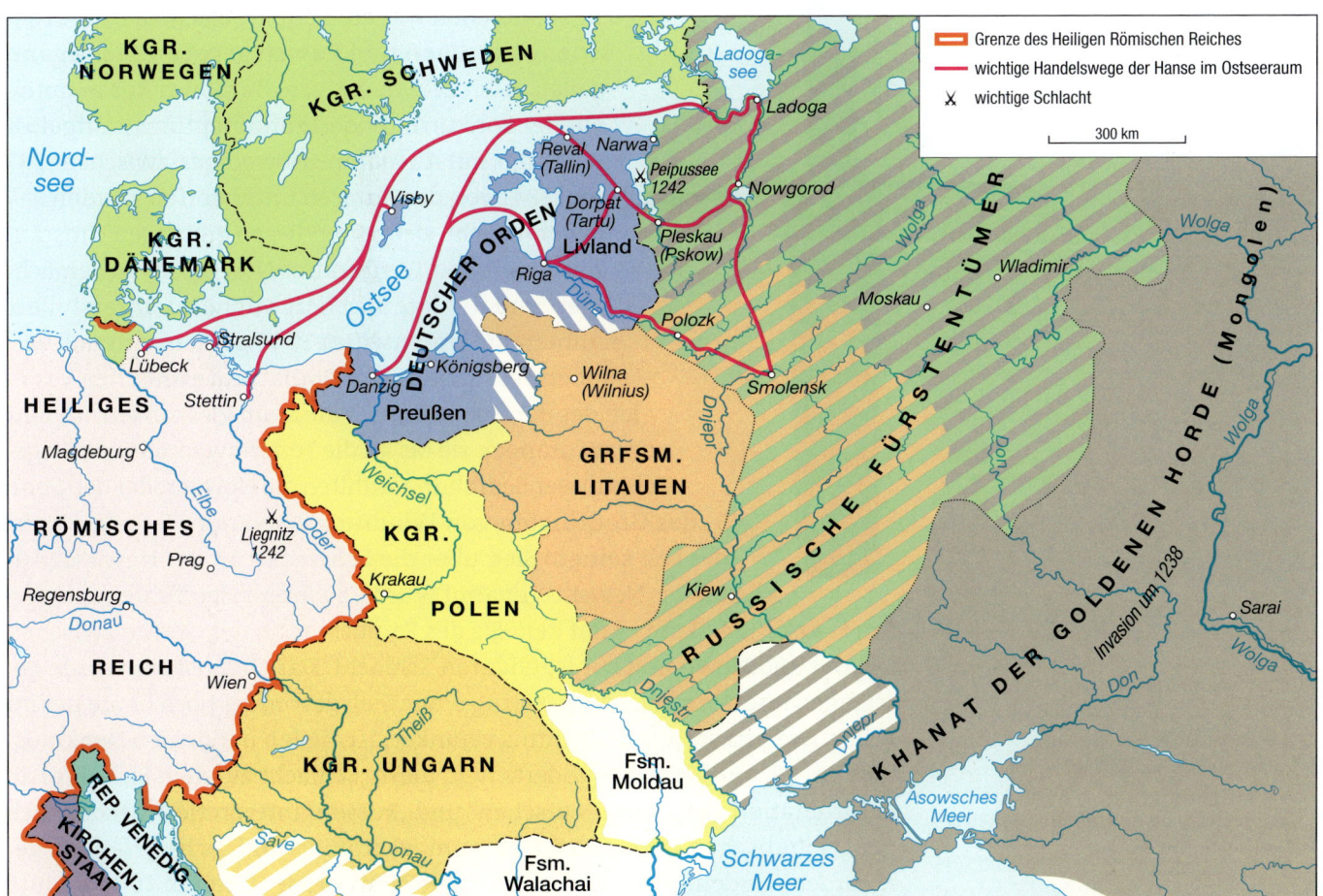

1 Mittel- und Osteuropa im 13./14. Jahrhundert

Grenze des Heiligen Römischen Reiches

wichtige Handelswege der Hanse im Ostseeraum

X   wichtige Schlacht

300 km

1200   **1300**   **1400**   **1500**

1188/1226 Russen dürfen in Lübeck zollfrei Handel treiben

1229 Handelsvertrag zwischen Riga und dem Fürstentum Smolensk

1237–1241 „Mongolensturm"

1138–1254 Könige und Kaiser der Staufer

1136–1478 Republik Nowgorod

Die Schlacht am Peipussee 1242

Die Erschließung des Ostseeraumes durch Deutsche blieb nicht auf Handelsbeziehungen beschränkt. Im Jahr 1200 führte Bischof Albert von Buxhoevede ein Pilgerheer von 1500 Mann und 23 Schiffen von Lübeck aus an die Dünamündung, wo schon lange ein von Gotländern und im letzten Drittel des 12. Jahrhunderts verstärkt von deutschen Kaufleuten besuchter Handelsplatz bestand. Albert gründete hier 1201 die Stadt Riga, die bald eine bedeutende Hansestadt wurde. Im Auftrag des Papstes unterwarf und christianisierte er mit Hilfe des Schwertbrüderordens die heidnischen Letten, Semgallen, Kuren, Liven und Esten. Das neue Herrschaftsgebiet Livland festigte sich rasch und unterstand nach 1237 dem Deutschen Orden.

1 Schwert des Hochmeisters des Deutschen Ordens, vermutlich aus dem Besitz des Konrad von Thüringen. Länge 94,7 cm, Knaufscheibe mit aufsteigendem Löwen, um 1240

Der Konflikt zwischen Livland und Nowgorod

Zum ersten Mal war eine direkte Nachbarschaft zwischen Deutschen und Russen gegeben. Sie begann genau in der Zeit, in der sich die Kiewer Rus in miteinander konkurrierende Teilfürstentümer aufgelöst hatte, die, mit Ausnahme Nowgorods, zwischen 1237 und 1241 von den Tataren unterworfen wurden.

In der Absicht, sich unter diesen günstigen Umständen des großen Territoriums Nowgorods zu bemächtigen und der lateinischen Kirche zu unterstellen, nahmen die Ordensritter 1240 gemeinsam mit Verbänden des Bischofs von Dorpat und estnischen Vasallen des dänischen Königs die Stadt Pleskau ein. Im Jahr darauf drangen sie bis an die Tore Nowgorods vor. Angesichts dieser Bedrohung wählten die Nowgoroder den Sohn des Großfürsten von Wladimir, Alexander Jaroslawitsch, der seit seinem Sieg über die Schweden an der Newa (1240) Alexander „Newski" genannt wurde, zu ihrem Heerführer.

Am 5. April 1242 kam es auf dem Eis des Peipussees an der Grenze zwischen Livland und Nowgorod zur legendären Schlacht. Das Ordensheer wurde geschlagen und Alexander Newski trug einen Sieg davon, der noch heute tief im kollektiven russischen Gedächtnis verankert ist. In den nationalen Denkmustern des 19. und 20. Jahrhunderts wird diese „Schlacht auf dem Eis" als erste Konfrontation zwischen „Deutschen" und „Russen" interpretiert, bei der nach der Livländischen Chronik 20 Ritter umgekommen und sechs gefangen genommen worden sind, während die Erste Nowgoroder Chronik 400 tote und

SCHWERTBRÜDERORDEN
Christlicher Ritterorden, der im Auftrag des Papstes die Bevölkerung Livlands missionieren sollte. Nach einer Niederlage gegen die Litauer 1237 wurde der Schwertbrüderorden Teil des Deutschen Ordens.

750   **800**   **900**   **1000**   **1100**

800 Kaiserkrönung Karls des Großen

Erster Kreuzzug ins Heilige Land **1096–1099**

919–1024 Könige und Kaiser der Ottonen

8./9. Jh. Normanneneinfälle im Frankenreich

Könige und Kaiser der Salier **1024–1125**

2 Schlacht auf dem Eis des Peipussees 1242 zwischen dem Deutschen Orden und den Nowgorodern unter Führung von Alexander Newski, Miniatur aus der Nowgoroder Chronik des 16. Jh.

50 gefangene Ritter vermeldet. Beide Angaben können stimmen, wenn davon ausgegangen wird, dass zu einem schwer gepanzerten Reiter dieser Zeit eine Schar von Fußknechten gehört hat. Beide Zahlen machen aber deutlich, dass es sich um keine „Völkerschlacht", sondern um die Auseinandersetzung zwischen Territorialherren gehandelt hat, denen jeweils die verschiedensten Ethnien untertan waren.

Alexander Newski – ein russischer Held

Die historische Bedeutung des Sieges Alexander Newskis über das Ordensheer wird darin gesehen, dass mit der Entscheidung am Peipussee die Grenzen zwischen lateinischem Westen und orthodoxem Osten auf Dauer festgelegt wurden. Alexander Newski, der unter der Herrschaft Iwans IV. von der Orthodoxen Kirche 1547 heilig gesprochen wurde, konnte, entsprechend dem jeweiligen nationalen Empfinden und politischen System, über die Jahrhunderte zum allrussischen Helden aufsteigen.

ALEXANDER JAROSLAWITSCH NEWSKI
Fürst aus der Rurikiden-Dynastie, geb. um 1220, Stadtfürst der Republik Nowgorod 1236 und 1240. Nach dem Sieg über den Deutschen Orden 1242 baute Alexander seine Macht in Nowgorod weiter aus. 1248 wurde er vom Großkhan der Goldenen Horde zum „Herrscher über Kiew und das ganze russische Land" bestellt. 1252 rückte er zum Großfürsten von Wladimir-Susdal auf. 1263 starb er in Gorodez an der Wolga. Bestattet wurde Newski als Mönch Alexei in Bogoljubowo bei Wladimir, von woher auch eine der stauferzeitlichen Armspangen (siehe S. 15) stammt. 1723/24 wurden seine Gebeine nach St. Petersburg gebracht.

	1200	1300	1400	**1500**

1161 Handelsprivileg Heinrichs d. Löwen für die Gotländische Genossenschaft

1143/59 Gründung Lübecks   **1242** Sieg Alexander Newskis über das Deutsche Ordensheer

1198 Gründung des Deutschen Ordens

1198 Erster Handelsvertrag zwischen den Ostseehändlern und Nowgorod

Gründung von Riga **1201**   **1237–1241** „Mongolensturm"

1138–1254 Könige und Kaiser der Staufer

Die Republik Nowgorod: Machtzentrum im Norden

1 Blick vom Kokuj-Turm über die Kreml-Mauer von Nowgorod nach Süden. Im Hintergrund ist der Wolchow zu sehen.

Das mittelalterliche Nowgorod (russ. *novyj gorod* = neue Stadt) trat als politischer und ökonomischer Zentralort seit der Mitte des 10. Jahrhunderts das Erbe Rurikowo Gorodischtsches an, dem nur wenige Kilometer flussaufwärts gelegenen Burgwall, der zugleich Stammsitz der Kiewer Rus und Handelsmittelpunkt in der warägischen Epoche war. Im Gegensatz zu den anderen russischen Fürstentümern war die Republik Nowgorod de facto nicht der Tributherrschaft der Tataren unterworfen.

Nowgorod bis 1400

Wie die zahlreichen archäologischen Befunde aus den teils mehrere Meter dicken Kulturschichten in Nowgorod zeigen, entwickelte sich der Ort relativ planmäßig mit rechtwinklig angelegtem Straßennetz und großen eingezäunten Hofstellen auf beiden Flussseiten. Beide Stadthälften, Sophienseite und Handelsseite, waren schon seit dem 12. Jahrhundert mit einer Brücke über den Wolchow verbunden. Bereits für die Entstehungszeit Nowgorods sind Handwerk und Gewerbe sowie Zeugnisse des Fernhandels nachgewiesen.

Nowgorod wurde bereits Ende des 10. Jahrhunderts Bischofsitz. Fürst Jaroslaw der Weise errichtete auf der Handelsseite bei der Schiffslände seine Residenz, in deren Nähe sich der Markt und später die ausländischen Handelshöfe be-

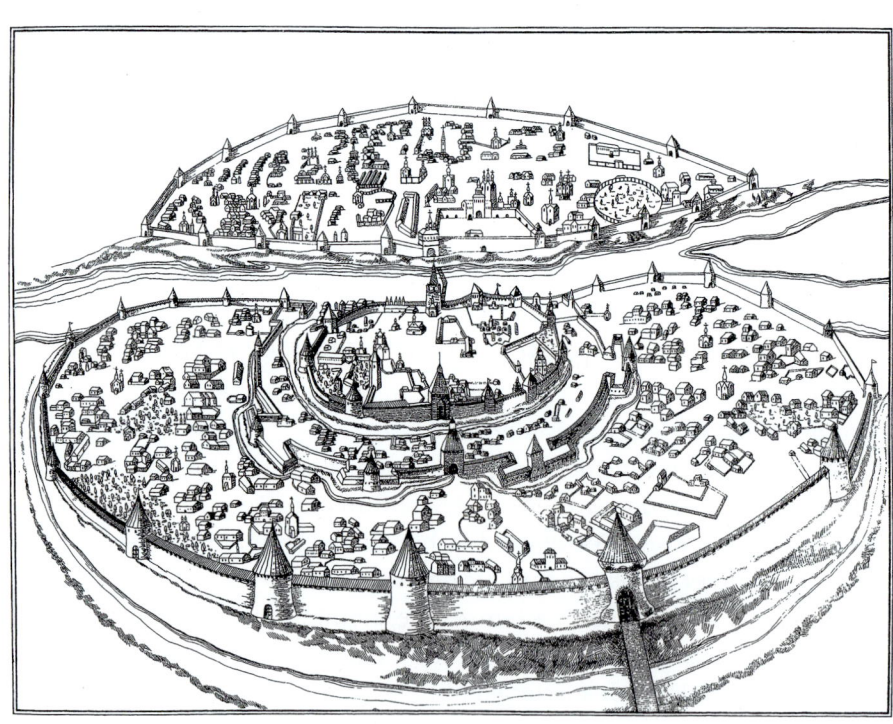

2 Umzeichnung einer Darstellung Nowgorods auf der „Ikone des Zeichens" aus der Zeit um 1700. Die Sophienseite mit dem Kreml ist im Vordergrund zu sehen, jenseites des Wolchows die Handelsseite mit dem Jaroslawhof und den Märkten.

950 · **1000** · **1100** · **1200**

Gründung Lübecks **1143/59**   Gründung Rigas **1201**

1019–1054 Jaroslaw der Weise

1096–1099 Erster Kreuzzug ins Heilige Land   „Mongolensturm" **1237–1241**

1024–1125 Könige und Kaiser der Salier   **1138–1254** Könige und Kaiser der Staufer

fanden. Zu dieser Zeit wurden der hölzerne Kreml errichtet und eine hölzerne Vorgängerkirche durch die heute noch bestehende Sophienkathedrale ersetzt (1045–50). Um 1400 umfasste das Stadtareal an die 400 ha Fläche, der Kreml war aus Stein gebaut, ebenso eine große Zahl von Kirchen in den einzelnen Stadtvierteln, die sonst ausschließlich Holzarchitektur aufwiesen. Das Gemeinwesen war mit einer neun Kilometer langen Befestigungsanlage aus Wall und Graben, Palisaden und Türmen gesichert.

Die Blütezeit der Bojarenrepublik

In Nowgorod entschied die Volksversammlung (*wetsche*) über die Belange des Gemeinwesens und wählte aus ihrer Mitte das republikanische Stadtoberhaupt (*possadnik*). Während die Bojaren zunächst nur Einfluss auf die Ernennung des fürstlichen Statthalters durch den Kiewer Großfürsten nehmen konnten, wählten sie ihn ab 1136 selbst.

Der Fürst durfte auf Nowgoroder Territorium seit Mitte des 13. Jahrhunderts keine Steuern mehr eintreiben, zudem wurden Ende des Jahrhunderts die Gerichtsbarkeiten getrennt, was den vollständigen Machtverlust der Fürsten in Nowgorod bedeutete: Ein Handelsgericht war für die Nowgoroder Bojaren zuständig, während sich ein bischöfliches Gericht um die große Masse der Bevölkerung kümmerte, die auf den Ländereien im Besitz der Kirche lebten. Dies führte im Lauf des 14. Jahrhunderts dazu, dass sich das Amt des Erzbischofs zunehmend zur höchsten staatlichen Autorität entwickelte, dem das Wetsche damit begegnete, dass es den Bischof selbst wählte und so die Kontrolle über den republikanischen Staat behielt.

Vom 13. bis zum Ende des 15. Jahrhunderts war Nowgorod die einzige Region der Rus, in die im Warenaustausch große Silbermengen aus Westeuropa eingeführt wurden. Silber benötigte die ganze Rus sowohl für sich selbst als auch für die Tributzahlungen an die Goldene Horde. Der Export des Silbers nach Twer, Susdal, Moskau und andere Städte in Zentralrussland brachte Nowgorod zwar immensen Reichtum, weckte aber zugleich Begehrlichkeiten und führte zu häufigen Konflikten.

3 Ikone „Betende Nowgoroder" aus der Nikolaus-Kotschany-Kirche in Nowgorod, 1467

4 Archäologische Ausgrabungen in den meterhohen Kulturschichten Nowgorods mit Resten der Holzhäuser und den mehrfach erneuerten Bohlenwegen

1300   1400   1500   **1550**

Eroberung Konstantinopels durch die Osmanen **1453**

1136–1478 Republik Nowgorod

1492 Kolumbus erreicht Amerika

1386–1572 Polnisch-Litauische Union unter der Herrschaft der Jagiellonen

1462–1505 Iwan III., „Sammler der russischen Erde"

Die deutschen Handelsniederlassungen

1 Hafenszene in Lübeck mit Kaufleuten und Schiffen vor dem Auslaufen zur Russlandfahrt, Miniatur aus dem Hamburger Stadtrecht von 1487

Obwohl sie nie Hansestadt war, besaß die Stadt Nowgorod für die Kaufleute der Hanse erhebliche Bedeutung. Hier entwickelte sich im 13. Jahrhundert das älteste und östlichste der großen Handelkontore, wie es sie sonst nur in Brügge, London und Bergen in Norwegen gab.

Pelze aus dem Osten, Tuche aus dem Westen

Westliche Händler erwarben in Nowgorod Waren oder Luxusgüter, die über den weitverzweigten Flusshandel aus Mittelasien und dem Vorderen Orient importiert wurden, oder sie kauften wertvolle Pelzwaren und andere Waldwirtschaftsprodukte, die die Nowgoroder Großgrundbesitzer als Steuern oder Tribute von ihren Untertanen eingetrieben hatten. Später kam noch der Export von russischem Getreide hinzu. Handelsäquivalente aus dem Westen waren Tuche aus England, Flandern und Deutschland, Tisch- und Tafelkeramik, Glas, aber auch Waffen sowie Silber und Buntmetallschrott in großen Mengen. Massengüter wie Salz, Wein, Bier und Salzheringe konnten dank der Entwicklung neuer Schiffstypen wie der Kogge vermehrt kostengünstig über den Seeweg transportiert werden. Sie kamen über die Hansestädte Riga, Reval (Tallinn) und Dorpat (Tartu) nach Nowgorod und von da aus weiter nach Russland in den Handel. Voraussetzung für den wirtschaftlichen Erfolg der deutschen Kaufleute war, dass sie in der religiös, kulturell und sprachlich andersartigen Umwelt einen Modus Vivendi fanden und ihre Tätigkeit auf gesicherten rechtlichen Vereinbarungen ausüben konnten.

Der Gotenhof und der Peterhof

Die nachweislich älteste ausländische Handelsniederlassung in Nowgorod war der Gotenhof mit seiner Olafskirche, in dem im 12. Jahrhundert die Kaufleute aus Lübeck und anderen niederdeutschen Städten ihre Waren sicher lagern, ihren Geschäften nachgehen und nach katholischem Glauben leben konnten. Im 13. Jahrhundert richteten sich die deutschen Kaufleute einen eigenen Hof mit einer Peterskirche ein, den Peterhof. Den nahegelegenen Gotenhof pachteten die hansischen Kaufleute wenig später dazu. Beide Handelshöfe fungierten zusammen als Hansekontor.

950 1000 1100 1200

Gründung Lübecks **1143/59** Gründung Rigas **1201**

1096–1099 Erster Kreuzzug ins Heilige Land „Mongolensturm" **1237–1241**

1024–1125 Könige und Kaiser der Salier **1138–1254** Könige und Kaiser der Staufer

Der Aufenthalt der deutschen Kaufleute in Nowgorod war durch eine strenge Hofordnung, die *Schra* reglementiert, die seit der ersten Hälfte des 13. Jahrhunderts sechsmal novelliert wurde. Die in der Rechtsordnung festgelegten Statuten und Verhaltensregeln, die auf die Vermeidung von Konflikten innerhalb des Kontors, vor allem aber auch mit den Nowgorodern ausgerichtet waren, wurden den Hofbesuchern zweimal im Jahr eingeprägt. Einmal für die „Winterfahrer", die im Herbst die Waren auf dem Weg über den Finnischen Meerbusen, die Newa, den Ladogasee und den Wolchow nach Nowgorod brachten und im Mai des darauffolgenden Jahres, beladen mit den eingehandelten Gütern, zurück in die Ostsee segelten. Zum anderen für die „Sommerfahrer", die sich von Mai bis September in Nowgorod zu Handelsgeschäften aufhielten, und von Riga aus auf dem Landweg durch Livland reisten.

Das Hansekontor hatte eine eigene Halsgerichtsbarkeit und war ursprünglich autonom. In der Mitte des 14. Jahrhunderts übernahmen dann die Räte der Hansestädte Lübeck, Visby, Riga, Dorpat (Tartu) und Reval (Tallin) die Kontrolle über das Kontor in Nowgorod. Diese Städte waren 1392 auch am Abschluss des für die Folgezeit grundlegenden Handelsvertrages mit der Bojarenrepublik, dem sogenannten „Niebuhrfrieden", beteiligt.

2 Rigafahrergestühl aus der Nikolaikirche in Stralsund. Zwei von vier Tafeln mit den Maßen 86 x 98 cm bzw. 86 x 104 cm. Eiche mit farbig gefasster flächiger Reliefschnitzerei, Stralsund 1360 / 70. Drei der Platten zeigen Russen mit gegabelten und geflochtenen Bärten, hohen Mützen und Kitteln im Wald bei der Pelztierjagd mit Hunden und Pfeil und Bogen sowie Honigsammler im Wald. Auf der vierten Tafel sind russische Händler in entsprechender Kleidung dargestellt. Sie bieten einem westlichen Kaufmann vor dem Tor einer Stadt mit Backsteinbauten ein Bündel Felle und einen Honigballen an. Bei der Stadt, in deren Tor eine nach gotischer Mode gekleidete Gestalt steht, handelt es sich wahrscheinlich um Riga.

Eroberung Konstantinopels durch die Osmanen **1453**

1136–1478 Republik Nowgorod

1492 Kolumbus erreicht Amerika

1386–1572 Polnisch-Litauische Union unter der Herrschaft der Jagiellonen

1392 Niebuhrfrieden

1462–1505 Iwan III., „Sammler der russischen Erde"

Alltag in den Nowgoroder Handelshöfen

Reglementierung und Monopolisierung

Kontakte zwischen Deutschen und Russen in Nowgorod fanden hauptsächlich in den deutschen Handelsniederlassungen und in den Höfen der Bojaren und Kaufleute statt. Der Handel war monopolisiert: Kleinhandel war den Deutschen ebenso verboten wie der Handel mit Kaufleuten aus anderen russischen Städten, die sich in Nowgorod aufhielten. Auch durften deutsche Kaufleute nicht von Nowgorod aus in andere Städte reisen. Von hansischer Seite dagegen war der Warenimport limitiert, damit das Preisniveau gehalten wurde. Zugleich waren Kauf und Verkauf gegen Geld untersagt, wodurch es gezwungermaßen nur zum reinen Warentausch kam. Ein bilaterales Kreditaufnahmeverbot sicherte diese spezielle hansische Geschäftspraktik ab.

1 Rekonstruktionszeichnung eines Nowgoroder Bojarenhofes aus Holz nach Ausgrabungsbefunden

Betrug und Freundschaft

Bei aller Reglementierung des Handels war Betrug beim Warentausch weit verbreitet. Auf der einen Seite kam es vor, dass nur die oberste Schicht in den Heringstonnen aus einwandfreiem Fisch bestand oder die Tuchballen manipuliert wurden. Auf der anderen Seite wurden Pelze durch Glätten mit Blei auf Hochglanz gebracht oder Eicheln und Steine in die Wachsklumpen eingeschmolzen. Obwohl das Hansekontor eigene Warenprüfer bestimmte, die die Redlichkeit des Handels gewährleisten sollten, kam es häufig zu Prozessen und Konflikten zwischen den Hanseleuten und den Nowgorodern. Die Abschottung der Deutschen auf ihren Handelshöfen diente nicht nur der Sicherheit der Waren und Personen, sondern sollte auch individuelle Konflikte vermeiden helfen.

---

950   1000   1100   1200

Hansekontor Peterhof in Nowgorod (1494 wieder geschlossen) **um 1200**

1096–1099 Erster Kreuzzug ins Heilige Land   „Mongolensturm" **1237–1241**

1024–1125 Könige und Kaiser der Salier   **1138–1254** Könige und Kaiser der Staufer

Dennoch waren die Beziehungen unter den Kaufleuten eng: Nowgoroder reisten mit den hansischen Koggen nach Gotland und Lübeck und auf den Höfen der Nowgoroder Kaufleute kamen deutsche Handelslehrlinge unter, um Russisch zu lernen. Sprachkenntnisse waren unabdingbar, weil nicht nur die Kommunikation zwischen den Handelspartnern, sondern auch die Formulierung der Verträge ausschließlich in der Landessprache erfolgte. Die Deutschen passten sich sogar so weit an, dass sie nach russischer Sitte den Abschluss von Verträgen mit dem Küssen des orthodoxen Kreuzes beeideten. Von guten menschlichen Beziehungen zeugen auch die frühen russisch-niederdeutschen Lehrbücher, in denen oft die Begriffe „Freundschaft" und „Freunde" vorkommen.

2 Birkenrindendokument aus Nowgorod

Birkenrindeninschriften als Spuren des Alltagslebens

Die Schriftlichkeit in Nowgorod ist ein besonderes Phänomen. Über tausend bislang in Nowgorod gefundene Birkenrindeninschriften, kurze Briefe und Mitteilungen auf 15–40 cm langen Birkenrindenblättern, die auf der Innenseite in altrussischer Sprache mit dem *Pisalo*, einem speziellen Griffel eingeritzt sind, geben Auskunft über das Alltagsleben der Nowgoroder, über Politik, und Krieg, über Geld, Abgaben und Tribute, Ernteausfall und Hungersnot sowie über das Rechtswesen, die Kultur und Religion. Sie zeugen von der Verbreitung der Schriftlichkeit nicht nur in klerikalen Kreisen, sondern in weiten Teilen der Bevölkerung durch alle Schichten und Geschlechter. Vereinzelte Beispiele in lateinischer und niederdeutscher Sprache verdeutlichen, dass auch Ausländer in Nowgorod sich dieses Mediums bedienten.

Das Ende des Hansekontors

In der Blütezeit des Hansekontors im 14. Jahrhundert hielten sich in einer Saison oft 150 bis 200 Kaufleute in Nowgorod auf, vor allem aus den westfälischen Städten, Lübeck und den livländischen Hansestädten. 1494, vor der Schließung des Kontors durch Iwan III., waren es einschließlich der Lehrjungen nur noch 45 Kaufleute und der katholische Priester. Der deutsch-russische Handelsverkehr hatte sich in die livländischen Städte verlagert, wo die russischen Kaufleute unter Umgehung des Nowgoroder Monopols direkt mit der Hanse Geschäfte machen konnten. 1570 wurde das Kontor unter Iwan IV. endgültig aufgelöst und die verbliebenen Vernetzungen zwischen Deutschen und Nowgorodern wurden zerstört.

3 Russischer Pelzhändler mit hoher Kopfbedeckung, geflochtenem Bart, langem Kleid, Geldbeutel am Gürtel und Pelztier in der Hand. Gestühlswange aus dem Lübecker Dom, Holz, 119 x 56,5 x 9,5 cm, 1425–1450

1300   1400   1500   **1550**

Unterwerfung Nowgorods durch Iwan III. **1471/78**

1136–1478 Republik Nowgorod

ab 1330 Fürstentum Moskau unter der Tributherrschaft der Goldenen Horde Hegemonialmacht in Russland

1462–1505 Iwan III., „Sammler der russischen Erde"

1386–1572 Polnisch-Litauische Union unter der Herrschaft der Jagiellonen

1438–1806 Könige und Kaiser der Habsburger

Deutsche Bau- und Kunstdenkmäler

Nowgorod ist heute Weltkulturerbestadt, jedoch erinnert unter den zahlreichen Denkmälern der Stadt keines mehr an die mehrhundertjährigen ökonomischen und kulturellen Beziehungen zwischen Deutschen und Russen.

Bischofspalast und Kunsthandwerk aus dem 15. Jahrhundert
Mit den Handelskontakten Nowgorods zu Westeuropa seit dem 12. Jahrhundert ging ein kultureller und künstlerischer Austausch einher, der sich am sogenannten Facettenpalast, dem Bischofspalast im Kreml, und am Domschatz der Sophienkathedrale aufzeigen lässt.

In einer Nowgoroder Chronik wird für 1433 über den Bau des Facettenpalastes im Auftrag von Erzbischof Ewfimi II. berichtet, dass „deutsche Meister von jenseits des Meeres ... zusammen mit Nowgorodern einen Palast (erbauten)." Dieser Palast im Kreml, dessen Äußeres durch viele Umbauten vom 16. bis zum 19. Jahrhundert nachhaltig verändert wurde, steht zu großen Teilen auch heute noch. Es ist das älteste erhaltene zivile Steingebäude Russlands und zugleich das einzige im gotischen Stil erbaute.

Erst jüngste archäologische Bauuntersuchungen ermöglichen die Rekonstruktion des Baukomplexes, den die Nowgoroder nach der Chronik in nur 95 Tagen aufgemauert haben sollen. Auffallend sind die vielen freigelegten architektonischen Details wie Kreuzrippengewölbe, Maßwerke, Fensternischen, dekorative Portaleinfassungen und Fassadenelemente im spätgotischen Stil. Ebenso untypisch für die Nowgoroder Baukunst, die vor allem durch die vielen Kirchen in der Stadt belegt ist, sind die Formsteine, Gesimse und die Staffelgiebel sowie technische Raffinessen wie die zentrale Warmluftbeheizung der Repräsentationsräume und der Wohnung des Erzbischofs. Der bauhistorische Befund bestätigt die Chronik, dass die Baumeister von Ewfimi aus dem norddeutschen Kulturbereich angeworben worden waren und für eine kurze Periode auch die Architektur in Nowgorod beeinflussten.

Die Rezeptionsbereitschaft der Nowgoroder Geistlichkeit und Baumeister auf kulturellem Gebiet zeigt sich auch im Kunsthandwerk. Sicher sind durch die intensiven Handelsbeziehungen Nowgoroder Kauf-

1 Rekonstruktionszeichnung der Ostfassade des Facettenpalastes im Nowgoroder Kreml

Bau der Sophienkathedrale im
Nowgoroder Kreml **1045–1050**

Hansekontor Peterhof in Nowgorod **um 1200**

1096–1099 Erster Kreuzzug ins Heilige Land   „Mongolensturm" **1237–1241**

1024–1125 Könige und Kaiser der Salier   **1138–1254** Könige und Kaiser der Staufer

leute in direkten Kontakt mit der abendländischen Baukunst und dem Kunsthandwerk im Ostseeraum und darüber hinaus gekommen. Dies lässt sich sogar in der Ikonenmalerei und dem Goldschmiedehandwerk nachweisen, die in Nowgorod aus der byzantinischen Tradition heraus unter westlichem Einfluss einen originären Stil entwickelten. Anschauliches Beispiel ist ein Panhagiar (Hostienbehälter), das Meister Iwan 1435 für Erzbischof Ewfimi II. nach einem älteren romanischen, wohl im Domschatz aufbewahrten Vorbild schuf.

2 Panhagiar (Hostienbehälter) des Meisters Iwan mit romanischen Einflüssen aus dem Schatz der Sophienkathedrale. Silber, gegossen, getrieben und vergoldet, Nowgorod, 1435

Die Bronzetüren im Westportal der Sophienkathedrale

Die berühmten romanischen Bronzetüren im Westportal der Sophienkathedrale gelangten unter ungeklärten Umständen dorthin. Um 1152/54 in Magdeburg gegossen und ursprünglich für den Dom in Płock bestimmt, befinden sie sich seit dem 15. Jahrhundert an der heutigen Stelle, wobei die historischen Quellen keine Auskünfte über ihren zwischenzeitlichen Verbleib geben. Der Spekulation ist Tür und Tor geöffnet, aber sicher gehört die Bronzetür nicht in den Kontext deutsch-russischer Handelsbeziehungen. Eher schon ist ihr Vorhandensein in Nowgorod im Zusammenhang mit den politischen Konflikten zwischen der Bojarenrepublik und Litauen zu sehen, wie einige russische Wissenschaftler vermuten. Inwieweit die figürlichen Darstellungen der an prominenter Stelle eingebauten, wie eine Ikone verehrten romanischen Türflügel das spätmittelalterliche Kunsthandwerk in Nowgorod beeinflusst haben, bleibt dahingestellt.

3 Paneele aus den Magdeburger Bronzetüren der Sophienkathedrale, 12. Jh. In der Mitte ist der Künstler mit Werkzeug dargestellt, darüber die russische Inschrift „Meister Abraham".

1300	1400	1500	**1550**

Bau des Bischofspalastes im Nowgoroder Kreml **1433**

1136–1478 Republik Nowgorod

1462–1505 Iwan III., „Sammler der russischen Erde"

1386–1572 Polnisch-Litauische Union unter der Herrschaft der Jagiellonen

1438–1806 Könige und Kaiser der Habsburger

Nowgorod archäologisch

Von den hansischen Handelsniederlassungen in Nowgorod haben sich oberirdisch keine Spuren erhalten. Nach den schriftlichen Quellen und archäologischen Ausgrabungen auf dem Gelände des ehemaligen Gotenhofs lässt sich ihre Struktur jedoch rekonstruieren.

Archäologische Grabungen

Beide Handelsniederlassungen lagen in einem der fünf eingefriedeten Stadtviertel („Enden") auf der Handelsseite nahe dem Markt.

SCHWELLBALKEN
Waagerechter Abschlussbalken, der in Holzbauten statt eines Fundaments ausgelegt wird

1 Bleibarren, Länge 9,5 cm
2 Axtamulett, Breite 4 cm, 11. Jh.

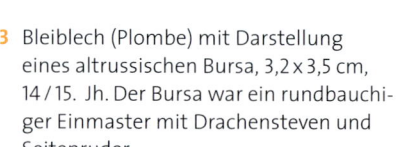

Im Gotenhof datieren die Ausgrabungsbefunde in das 14./15. Jahrhundert, in die Zeit, als der Platz schon von der Hanse betrieben wurde. Nachgewiesen werden konnten eine Palisade aus bis zu 40 cm starken Pfosten und zwei Speicherbauten von 72 und 110 qm Grundfläche, bei denen aufgrund der Abmessungen der Schwellbalken von 50–60 cm auf Mehrstöckigkeit geschlossen werden kann. Im größeren der beiden Speicher war das Fundament eines quadratischen mittelalterlichen Turms deutscher Bautradition integriert, der als Wachtturm, Tresor und Gefängnis gedeutet werden kann. Zum Ensemble des Hofs gehörte auch die Kirche des Hl. Olaf, die 1152 erstmals in den Chroniken als „Warägerkirche" erwähnt wird, was wohl heißt, dass ihre Gründungsgeschichte weit in das 11. Jahrhundert zurückreicht.

Die Gesamtfläche des Gotenhofs wurde nicht ermittelt, aber er scheint eine Stadt in der Stadt gewesen zu sein mit quasi exterritorialem Charakter, zu der, wie im späteren Peterhof, Unbefugte keinen Zutritt hatten.

Das Gelände des Peterhofs ist archäologisch noch nicht erschlossen. Zeitgenössische Berichte und Urkunden belegen aber, dass auch diesen Hof eine feste Palisade umgab, hinter der sich Wohngebäude, Speicher, ein Bad, eine Bäckerei, ein Gefängnis und auch ein Friedhof befanden. Zentrum war die Peterskirche, ein dreischiffiger, mit Ziegeln gedeckter

3 Bleiblech (Plombe) mit Darstellung eines altrussischen Bursa, 3,2 x 3,5 cm, 14 / 15. Jh. Der Bursa war ein rundbauchiger Einmaster mit Drachensteven und Seitenruder.

| 950 | 1000 | 1100 | 1200 |

um 1000 Entstehung des Gotenhofs

Hansekontor Peterhof in Nowgorod **um 1200**

1096–1099 Erster Kreuzzug ins Heilige Land   „Mongolensturm" **1237–1241**

1024–1125 Könige und Kaiser der Salier   **1138–1254** Könige und Kaiser der Staufer

Steinbau mit reichem Freskenschmuck im Inneren. Sie diente neben ihrer Funktion als katholische Kirche profan als Versammlungsort, Lager für Luxusgüter und Aufbewahrungsort der Hofkasse und wurde dementsprechend stark bewacht.

Funde

Zeugnis für die Anwesenheit westeuropäischer und deutscher Händler in Nowgorod legen zahlreiche Funde aus den seit den 1930er Jahren durchgeführten Ausgrabungen ab. Sie geben Hinweise nicht nur auf den Warenstrom, sondern auch auf die Lebensumstände der Nowgorodfahrer. Auf dem Gotenhof wurden Gürtelschließen, Klapphandspiegel, Messer mit geschnitzten Beingriffen, Löffel, Würfel, Spielsteine und Schachfiguren gefunden. Das Materialspektrum reicht von Tuchplomben für Textilien aus englischen, flandrischen und deutschen Webereien über Relikte von Eichenholzfässern mit hansischen Kaufmannszeichen, Unmengen von Buntmetallschrott als Rohstoff für die heimische Produktion und Bleibarren bis hin zu Rohbernstein von der südlichen Ostseeküste. Siegburger Steinzeug – Gebrauchsgut für die Hanseleute und Luxusgeschirr für die Tafel der reichen Bojaren –, Glasfingerringe und venezianisches Glas runden das Bild von Funden ausländisch-westlicher Herkunft ab. Daneben stehen zahlreiche Münzfunde von den verschiedensten Prägestätten Europas aus dem Zeitraum vom 11. bis zum 15. Jahrhundert.

4 Schüssel aus Messingblech, sog. Hansaschale, Höhe 6,5 cm; Durchmesser 25,5 cm

5 Fragmente von hölzernen Spielzeugschwertern mit zeittypischen Knäufen, Länge des linken Schwertes 40,3 cm, 9./10. Jh.

6 Umhängekreuze und Kette aus Bernstein

1300   1400   1500   **1550**

1453 Eroberung Konstantinopels durch die Osmanen

1136–1478 Republik Nowgorod

1462–1505 Iwan III., „Sammler der russischen Erde"

1386–1572 Polnisch-Litauische Union unter der Herrschaft der Jagiellonen

1438–1806 Könige und Kaiser der Habsburger

Die Unterwerfung Nowgorods durch Iwan III.

Mit der Unterwerfung Nowgorods durch Iwan III. (1462–1505) im Jahr 1478 änderten sich die politischen Verhältnisse in Nordwestrussland und dem Baltikum erheblich.

Handel unter neuen Bedingungen

Iwan III., der „Sammler der russischen Erde", ließ die politische Elite Nowgorods ins Innere Russlands deportieren und ersetzte sie durch Moskauer Untertanen. Allerdings hatte die von Iwan III. in Nowgorod eingesetzte neue Verwaltung keine Erfahrung im internationalen Handel, den Moskauer Kaufleuten fehlten das nötige Kapital und die Geschäftsverbindungen, was dem Handel mit der Hanse nicht zuträglich war. Auch die mentale Andersartigkeit führte häufig zu Irritationen.

1 Östliches Europa um 1500

1400   1420   1460   1500   1540

Gutenberg-Bibel **1454**   **1471/78** Unterwerfung Nowgorods   **1529** Erste Belagerung Wiens durch die Türken

Schließung des Hansekontors in Nowgorod **1494**

Eroberung Konstantinopels durch die Osmanen **1453**   Sieg des Livländischen Ordensheers am Smolina-See **1502**

1462–1505 Iwan III., „Sammler der russischen Erde"   **1505–1533** Wassili III.

1386–1572 Polen-Litauen unter der Herrschaft der Jagiellonen

Als es 1487 wieder zu einem Handelsvertrag mit der Hanse kam, verlangte der Großfürst von den Unterhändlern das Demutszeichen des „Stirnschlagens" (Proskynese), was diese verweigerten. Für die Hanseleute war auch unbegreiflich, dass getroffene Vereinbarungen nicht eingehalten wurden und dass das in Nowgorod wieder eröffnete Hansekontor, wohl aus Verärgerung über das Verhalten von Kaiser Maximilian I. in der gemeinsamen antipolnischen Bündnispolitik, schon 1494 wieder geschlossen wurde.

Iwan III., der wegen seiner Heiratsverbindung mit der Nichte des letzten byzantinischen Kaisers Zoë/Sophia Palaiologos (gest. 1503) auch den Zarentitel beanspruchte, hatte das Ziel, den Weg zur Ostsee freizumachen und den lukrativen Handel mit dem Westen in eigener Regie zu führen. Lange vor Peter dem Großen soll er sogar geplant haben, eine eigene Flotte zu bauen, wofür er Fachleute durch seine Agenten in Deutschland anwerben ließ.

ZAR
Titel der russischen Herrscher seit der Regierungszeit Iwans III. Das Wort leitet sich von lat. *caesar* ab und wurde inoffiziell auch nach 1721 für die russischen Kaiser verwendet.

Konflikte mit den livländischen Nachbarn

Mit Livland stand Iwan III. im Nordwesten ein Territorium entgegen, das nominell zum Heiligen Römischen Reich gehörte. Zwar hatte es seit den Zeiten Alexander Newskis immer wieder Konflikte zwischen den baltischen Landesherren und der Republik Nowgorod gegeben, aber im Wesentlichen blieb der Grenzverlauf seit 1242 unverändert. Zu einer ersten kriegerischen Auseinandersetzung zwischen den Moskowitern und dem Livländischen Orden kam es 1480, die durch einen befristeten Friedensvertrag beigelegt wurde. Eine dauerhafte Einstellung der Feindseligkeiten erreichte der Landmeister des Livländischen Ordens Wolter von Plettenberg. In der Schlacht an der Seritsa (August 1501) schlug er mit einem Heer aus Ordensrittern, deutschen Landsknechten und lettischen und estnischen Bauern die Truppen Iwans III. Mit einem Aufgebot aller livländischen Stände war er ein Jahr darauf nochmals erfolgreich: Die Schlacht am Smolina-See war der letzte große Erfolg eines Ritterheeres mittelalterlicher Tradition in der Geschichte. Sie führte 1503 zum Abschluss eines Friedensvertrags, der über 50 Jahre hielt. Der Dauerkonflikt mit dem Großfürstentum Litauen sowie die Sicherung der östlichen und südlichen Grenzen gegen die Tataren nötigten Iwan III. und seine Nachfolger, die Expansion nach Nordwesten an die Ostsee zurückzustellen.

2 Rechteckiger Schild mit schwarzem Kreuz auf weißem Grund, sogenannte livländische Reiterpavese, Estland oder Litauen, 15. Jh.

1580   1620   1660   **1700**

1589–1612 „Zeit der Wirren": Polnische Truppen besetzen Moskau

1533–1584 Iwan IV., „der Schreckliche" (ab 1547 „Zar")

1558–1583 Livländischer (Erster Nordischer) Krieg   1618–1648 Dreißigjähriger Krieg

Iwan III. und das Heilige Römische Reich

Im Hochmittelalter stand die griechisch-orthodox geprägte Kiewer Rus in regem dynastischem, politischem, wirtschaftlichem und kulturellem Kontakt mit dem lateinisch-katholischen Abendland. Diese Beziehungen brachen Mitte des 13. Jahrhunderts fast vollständig ab, weil die einzelnen russischen Teilfürstentümer entweder unter die Oberherrschaft der Tataren kamen oder schrittweise in das Großfürstentum Litauen eingegliedert wurden. Abgesehen von den in den Ostseehandel eingebundenen, unmittelbar an Livland und damit an das deutsche Reichsgebiet grenzenden Stadtrepubliken Nowgorod und Pskow (Pleskau), nahmen sich der Westen und die östliche Rus über mehr als 200 Jahre gegenseitig kaum noch wahr.

1 Großfürst Iwan III. bestätigt Jörg von Thurn in Moskau 1491 den im selben Jahr mit König Maximilian I. auf dem Reichstag in Nürnberg ausgehandelten Bündnisvertrag. Kolorierter Holzschnitt, Moskau 1568–1576

Bündnisse gegen Polen-Litauen

Das änderte sich im letzten Drittel des 15. Jahrhunderts, als das Großfürstentum Moskau unter Iwan III. zur souveränen, um die Vorherrschaft in Osteuropa kämpfenden Großmacht aufstieg.

Anlass für die neue Annäherung zwischen dem Heiligen Römischen Reich und Moskau war das gegenseitige Interesse an einem Bündnis gegen die Osmanen und das in Personalunion vereinigte Polen-Litauen, das sich unter den Jagiellonen zu einem bedeutenden Machtfaktor in Osteuropa entwickelt hatte.

Die ersten Kontakte zwischen dem Reich und Iwan III. stellte der Breslauer Ritter Nikolaus Poppel her, der zwischen 1486 und 1489 im Auftrag Kaiser Friedrichs III. (1452–1493) zwei Reisen nach Moskau unternahm. In der Hoffnung, ein Bündnis zustande zu bringen, reisten zwischen 1489 und 1493 zwei Gesandtschaften König Maximilians I. (Kaiser 1508–1519) unter Leitung von Jörg von Thurn ins Großfürstentum Moskau. Drei Gesandtschaften Iwans III. unter Leitung des Juri Trachaniot fuhren – immer über Livland und Lübeck – ins Heilige Römische Reich.

Schließlich kam es 1491 auf dem Reichstag in Nürnberg zu einem Bündnis zwischen Iwan III. und Maximilian I., das gegen König Kasimir IV. von Polen und dessen Sohn Wladislaw II. von Böhmen gerichtet war. Es erlangte aber keine politische Bedeutung, weil sich Maximilian zum Ärger Iwans mit den Jagiellonen einigte.

1400	1420	1460	1500	1540

Schlacht an der Orscha zwischen dem Großfürstentum Moskau und Polen-Litauen **1514**

1517 Martin Luthers Thesen in Wittenberg

Eroberung Konstantinopels durch die Osmanen **1453**

Erste Belagerung Wiens durch die Türken **1529**

1462–1505 Iwan III., „Sammler der russischen Erde"

1505–1533 Wassili III.

1487–1519 Maximilian I. (ab 1508 Kaiser)

1386–1572 Polen-Litauen unter der Herrschaft der Jagiellonen

Mit den diplomatischen Aktivitäten gliederte sich Iwan III. in das gesamteuropäische Mächtespiel ein, wobei eines seiner Hauptmotive darin lag, Gleichrangigkeit mit dem Kaiser zu erreichen. In diesem Zusammenhang ist auch seine Absicht zu verstehen, die technischen und militärischen Defizite im Moskauer Reich abzubauen, was er mit der massiven Anwerbung von Spezialisten aus Westeuropa zu erreichen suchte.

Kulturaustausch über den baltischen Korridor

Nowgorod mit seiner Grenze zu Livland wurde das Außenfenster des Moskauer Staates und es kam, trotz der schwierigen politischen Verhältnisse an der Wende vom 15. zum 16. Jahrhundert, zu einem regen Kulturaustausch zwischen Deutschen und Russen. Eine Schlüsselrolle spielte dabei der von Iwan III. nach Nowgorod entsandte Erzbischof Gennadi (1484–1503).

Durch den „Baltischen Korridor" (Reval/Tallin und Dorpat/Tartu) reisten die russischen Gesandtschaften über Lübeck in den Westen und auf diesem Weg gelangten auch die vom Großfürsten angeworbenen Spezialisten nach Russland. Livländer stellten von Anfang an das Gros unter den Deutschen, die in den Dienst der Zaren traten, und waren wegen ihrer Sprachkenntnisse am Moskauer Hof als Dolmetscher stark vertreten.

Russische Studenten waren zur selben Zeit an der Universität Rostock immatrikuliert.

2 Zwiegespräch zwischen Leben und Tod, Lübeck 1484, Übersetzung ins Russische unter Erzbischof Gennadi, 1490. Druckwerke, die von Typografen wie Bartholomäus Gotan und anderen eingeschleust wurden, dienten als Vorlagen für russische Fassungen populärer Erzählstoffe und wissenschaftlicher und theologischer Abhandlungen.

1580   1620   1660   **1700**

1589–1612 „Zeit der Wirren": Polnische Truppen besetzen Moskau

1533–1584 Iwan IV., „der Schreckliche" (ab 1547 „Zar")

1558–1583 Livländischer (Erster Nordischer) Krieg   1618–1648 Dreißigjähriger Krieg

Der habsburgische Diplomat Sigmund von Herberstein

Eine vergleichbare großpolitische Lage wie 1491 (siehe S. 32) führte 1514 wieder zur Intensivierung der diplomatischen Kontakte zwischen dem Heiligen Römischen Reich und dem Moskauer Reich: Im August kam es auf dem Konzil von Gmunden in Oberösterreich zu einem gegen Polen-Litauen gerichteten Allianzvertrag zwischen Kaiser Maximilian I. und dem Großfürsten Wassili III., der allerdings kaum Wirkung entfaltete, weil sich der Kaiser im Jahr darauf mit Polen verständigte.

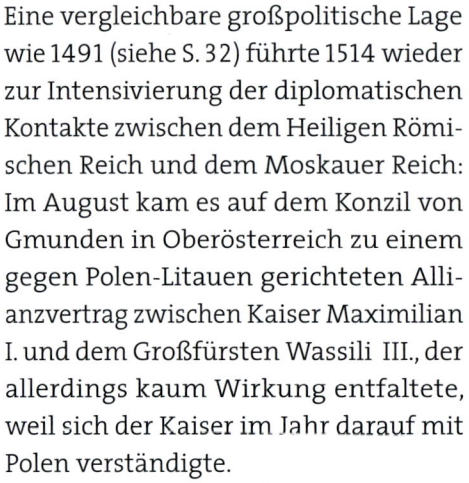

1 Kaiser Maximilian I. beim Austausch der Vertragsurkunden mit der russischen Gesandtschaft auf dem Konzil von Gmunden (Österreich) 1514, Holzschnitt von Hans Burgkmair d. Ä., 1515

Die Missionen nach Moskau

Um einen Friedensschluss zwischen den feindlichen Großmächten Russland und Polen-Litauen zu vermitteln, entsandte Kaiser Maximilian I. 1517 erstmals Sigmund von Herberstein nach Moskau. Die Mission blieb zwar ebenso erfolglos wie eine weitere im Jahr 1526/27, beide waren aber kulturpolitisch von europäischer Tragweite.

Sigmund von Herberstein, ein steirischer Freiherr, geboren 1486 in Wippach in der Untersteiermark (heute Vipava/ Slowenien), gestorben 1566 in Wien als kaiserlicher Rat, war humanistisch gebildet und in slawischen Sprachen bewandert. Er fand zwischen 1515 und 1553 bei 69 Auslandsreisen als kaiserlicher Diplomat Verwendung. Herausragend war dabei zum einen seine Vermittlerrolle im Konflikt mit dem Osmanischen Reich (Waffenstillstand zwischen dem Reich und Sultan Süleyman I. in Buda/Ungarn, 1541), zum anderen waren es seine Missionen nach Moskau. Herberstein nutzte 1526/27 seinen siebenmonatigen Aufenthalt am Hof des Großfürsten Wassili III. zielstrebig, um Informationen aller Art über das Moskauer Reich, seine Menschen, die Wirtschaft, die Geografie und Geschichte und vor allem die Religion zu sammeln, wobei ihm seine Sprachkompetenz und humanistische Bildung zu Gute kamen.

2 Sigmund von Herberstein im russischen Prachtmantel, ein Geschenk des Großfürsten Wassili III. 1526, kolorierte Lithografie, Sankt Petersburg, 1818

Die „Rerum Moscoviticarum Commentarii"

Erst 22 Jahre später publizierte Herberstein seine Beobachtungen und Eindrücke in den „Rerum Moscoviticarum Commentarii", die 1549 in Wien gedruckt, in schneller Folge auf Deutsch, Italienisch, Polnisch und zuletzt auf Russisch in Sankt Petersburg zur Zeit Katharinas II. in verschiedenen Fassungen und mit teils unterschiedlichen Illustrationen verlegt wurden.

| 1380 | 1400 | 1440 | 1480 | 1520 |

Erste Mission Herbersteins nach Moskau **1517**

Zweite Mission Herbersteins nach Moskau **1526/27**

1487–1519 Maximilian I.

1462–1505 Iwan III., „Sammler der russischen Erde"

1505–1533 Wassili III.

1386–1572 Polen-Litauen unter der Herrschaft der Jagiellonen

Herberstein war nicht der Erste, der über das Moskauer Reich schrieb. Schon 1525/26 erschienen gedruckte Werke zweier katholischer Geistlicher zu diesem Thema, die aber hauptsächlich auf mündlichen Berichten russischer Gesandter in Italien und Spanien beruhten. Der steirische Adlige aber vermittelte als Erster ein authentisches, aufgrund eigener Anschauung und Erfahrung im Land gewonnenes Russlandbild. Herbersteins Werk war die erste umfassende und kritische Darstellung der Verhältnisse in Russland aus der Sicht eines Westeuropäers. Er beschrieb Zustände und Eigenarten eines Landes, das seit dem Einfall der Tataren in Osteuropa weitgehend aus dem Gesichtskreis der lateinischen Welt entschwunden war.

3 Beeidigung des Bündnisvertrages durch Kaiser Maximilian I. in Gmunden (links oben), Rückreise der russischen Gesandtschaft nach Moskau und Aushändigung der Urkunde an Großfürst Wassili III. 1514 (rechts unten), kolorierter Holzschnitt, Moskau, 1586–1576

1560   1600   1640   **1680**

1549 Herbersteins Russlandkunde („Rerum Moscoviticarum Commentarii")

1552/54 Eroberung der Khanate Kasan und Astrachan

1519–1556 Karl V.

1589–1612 „Zeit der Wirren": Polnische Truppen besetzen Moskau

1533–1584 Iwan IV., „der Schreckliche" (ab 1547 „Zar")

1558–1583 Livländischer (Erster Nordischer) Krieg

1618–1648 Dreißigjähriger Krieg

Herbersteins Russlandkunde

1 Großfürst Wassili III., Holzschnitt von Augustin Hirschvogel 1547, Herberstein, „Moscovia der Hauptstat in Reissen", Wien, 1557

Die Schilderung des Moskauer Reiches durch den Freiherrn Sigmund von Herberstein war durch seine soziale Stellung, seine Bildung und die davon geprägten Vorstellungen naturgemäß subjektiv. Aber insgesamt stellte er die Verhältnisse und Zustände im Großfürstentum zu Zeiten Wassilis III. realitätsnah dar. Wie in einem modernen Reisehandbuch leitete Herberstein sein Werk mit Kapiteln über die Sprache und Schrift der Russen sowie die Geografie ein, wo er die zeitgenössische Diskussion aufgriff, ob das Moskauer Reich noch zu Europa oder schon zu Asien gehörte. Auf Grundlage der in Moskau eingesehenen altrussischen Schriftquellen folgte dann ein Abriss der Geschichte Russlands von den Anfängen der Kiewer Rus bis zu Wassili III.

Herbersteins Russlandbild

Im Hauptteil seiner Russlandkunde beschreibt Herberstein, neben den Fragen der richtigen Titulatur des Großfürsten und dem Krönungszeremoniell der Moskauer Herrscher, ausführlich die politische und soziale Ordnung, die orthodoxe Religion, die rechtlichen Gepflogenheiten, die Wirtschaft, das Münz-, Post- und ausführlich das Kriegswesen. Von besonderer kulturhistorischer Bedeutung ist schließlich seine erste umfängliche Landesbeschreibung des Moskauer Reiches und seiner Nachbarn.

Mit negativen Bewertungen bezüglich der Wesensart der Russen, denen er insgesamt Unterwürfigkeit und Feigheit unterstellt, hält Herberstein sich nicht

2 Karte des Moskauer Reiches in der ersten Hälfte des 16. Jh., Herberstein, Rerum Moscoviticarum Commentarii, Wien, 1549

| 1380 | 1400 | 1440 | 1480 | 1520 |

Erste Mission Herbersteins nach Moskau **1517**

Zweite Mission Herbersteins nach Moskau **1526/27**

1487–1519 Maximilian I.

1462–1505 Iwan III., „Sammler der russischen Erde"

1505–1533 Wassili III.

1386–1572 Polen-Litauen unter der Herrschaft der Jagiellonen

zurück. Er kritisiert die gesellschaftliche Stellung der Frauen („das Leben der Weiber ist erbärmlich"), unterstellt der orthodoxen Geistlichkeit allgemeine Fremdenfeindlichkeit und eine abweisende Haltung gegenüber Andersgläubigen oder er verweist auf die mangelnden Fähigkeiten und Kenntnisse der Russen im Kriegswesen. Am meisten verschreckte ihn aber die Herrschaftsordnung mit der religiös legitimierten absoluten Macht des Großfürsten über seine Untertanen.

Die in den „Commentarii" und danach in mehreren Sprachen gedruckte „Russlandkunde" zeigte klar die politische, strukturelle, religiöse sowie vor allem auch die mentale und kulturelle Diskrepanz zwischen dem lateinisch-katholischen Westen und der russisch-orthodoxen Welt. Aus dem gegenseitigen Unverständnis, das durch die vermehrten Kontakte nicht gemildert, sondern eher noch vertieft wurde, entwickelte sich im Lauf des 16. Jahrhunderts, speziell auf dem Territorium des Heiligen Römischen Reiches, aus einer anfänglich skeptischen Grundhaltung heraus der über Generationen fortbestehende Topos der „Russischen Gefahr". Dieser wurde im ersten Livländischen Krieg durch die Verbreitung von Flugblättern über die Grausamkeiten Iwans IV. gegen die Deutschen in Livland gefestigt.

3 Drei nach asiatischer Art gerüstete und mit Reflexbögen, Säbel und Morgensternen bewaffnete russische adlige Reiter, Herberstein, Rerum Moscoviticarum Commentarii, Wien, 1549

4 Sigmund von Herberstein zu Pferd in vollem Harnisch als Bannerträger eines steirischen Aufgebots aus gepanzerten Reitern und Fußknechten beim Feldzug Kaiser Maximilians I. gegen Venedig 1514, Holzschnitt, 1557

1560   1600   1640   **1680**

1549 Herbersteins Russlandkunde („Rerum Moscoviticarum Commentarii")

1552/54 Eroberung der Khanate Kasan und Astrachan

1519–1556 Karl V.

1589–1612 „Zeit der Wirren": Polnische Truppen besetzen Moskau

1533–1584 Iwan IV., „der Schreckliche" (ab 1547 „Zar")

1558–1583 Livländischer (Erster Nordischer) Krieg

1618–1648 Dreißigjähriger Krieg

Die habsburgische Gesandtschaft zu Iwan IV. 1575

1 Iwan der Schreckliche,
Historienbild von Wiktor M. Wasnetsow
(1848–1926), Öl auf Leinwand, 1897

Zu einer Trübung der bis dahin reserviert-freundlichen Beziehungen zwischen dem Heiligen Römischen Reich und dem Großfürstentum Moskau kam es unter Iwan IV. (1533–1584), der 1547 zum Zaren gekrönt wurde und sich zwei Jahre später zum Autokraten von ganz Russland ernannte. Ursachen waren Iwans Expansionspolitik, der die Khanate Kasan und Astrachan zum Opfer fielen, die Bedrohung Livlands und die Schreckensherrschaft über sein eigenes Volk. Die Beziehungen brachen zwar nicht vollständig ab, aber zu einem verstärkten Notenaustausch kam es erst wieder zu Beginn der 1570er Jahre mitten im Livländischen Krieg. Anlass waren das polnische Interregnum nach dem Aussterben der Jagiellonen und das Bestreben sowohl der Habsburger als auch Iwans, die Herrschaft in Polen und Litauen zu übernehmen.

Kobenzl und Printz reisen nach Moskau

Zu Verhandlungen in dieser Sache schickte Kaiser Maximilian II. (1564–1576) zwei erfahrene und in der slowenischen beziehungsweise polnischen Sprache bewanderte Diplomaten, Hans Kobenzl von Prossegg und Daniel Printz, nach Moskau. Mit den notwendigen Reisedokumenten und für alle Eventualitäten ausgerüstet, machte sich die 40 Mann starke Delegation in 20 Wagen am 16. Oktober 1575 von Wien aus auf den Weg.

Bei einer Tagesleistung von maximal 50 km auf meist unbefestigten Straßen gelangte der Wagenzug über Breslau, Thorn, Königsberg und Wilna am 1. Dezember 1575 an die russische Grenze bei Orscha, wo die Gesandten von einem *Pristaw* (= Reisemarschall) des Großfürsten in Empfang genommen wurden. Die weitere Reise verzögerte sich aufgrund von Schikanen und es dauerte bis zum 14. Januar 1576, bis der Wagenzug über Smolensk und Dorogobusch nach Wjasma gelangte, von wo die Gesandtschaft samt Ehrengeleit in 100 verzierten Schlitten Richtung Hauptstadt weiterreiste.

Audienz beim Zaren

Iwan IV. wartete nicht in Moskau, sondern in Moschaisk, von wo aus der Gesandtschaft drei hohe Beamte mit einem Ehrengeleit aus 1500 Reitern entgegenkamen. Am 23. Januar – sieben Wochen nach Erreichen der russischen Grenze – hielten die Habsburger feierlichen Einzug. Schon am nächsten Tag wurden sie von 60 Bojaren zu Pferd oder im Schlitten durch ein Spalier aus 1600 Strelitzen (= Leibgarde) in den Palast geführt, der von prächtig gekleideten Bojaren bevölkert war. Die Audienz verlief nach demselben Schema wie schon bei Herberstein oder später bei Adam Olearius beschrieben: Der Zar thronte in einem Prachtmantel und mit Perlen bestickten Schuhen unter einem Baldachin mit dem Bildnis der Mutter Gottes. Auf dem Haupt trug er eine

1380   1400   1440   1480   1520

Erste Mission Herbersteins nach Moskau **1517**
Zweite Mission Herbersteins nach Moskau **1526/27**
1487–1519 Maximilian I.
1462–1505 Iwan III., „Sammler der russischen Erde"
1505–1533 Wassili III.
1386–1572 Polen-Litauen unter der Herrschaft der Jagiellonen

2 Die Reisewege der Gesandtschaften
Kobenzl und Sugorski 1575–77

Krone mit großen Edelsteinen, in der linken Hand hielt er das Zepter. Links neben ihm stand eine Kanne mit Waschbecken, rechts sein Sohn Iwan, der ebenso prachtvoll gekleidet war wie der Großfürst. Vor ihnen hatten sich zwei junge Bojaren mit geschulterten Breitbeilen aufgebaut und im Rund saßen die vornehmsten Räte. Links standen zwei Kanzler, davor die mit Teppichen belegte Bank für die Gesandten.

Die Audienz dauerte nur kurz und danach fand das Bankett statt, dessen Aufwändigkeit und Pracht die habsburgischen Gesandten in Erstaunen und Iwan IV., trotz aller negativen Vorbehalte, in ein günstiges Licht setzten.

Politisch blieb die Mission weitgehend erfolglos. Iwan ging auf die Forderung Maximilians II. nicht ein, seine Truppen aus Livland zurückzuziehen, machte bezüglich Polen vage Zugeständnisse, aber wünschte sich vom Kaiser „einen Baumeister, der Kirchen und Schlösser bauen soll, ebenso einen Plattner, der gute Harnische schmieden könne und einige Stückmeister (= Geschützgießer). Die Meister könnten dann wieder nach Hause ziehen, wenn es ihnen gefällt!" Zum Abschied wurden die habsburgischen Gesandten reich mit Zobelfellen beschenkt. Ihre Abreise verband der Zar mit der Entsendung einer eigenen Delegation zum Kaiser nach Wien, die von Printz begleitet werden sollte.

3 Reisen im winterlichen Russland mit Pferdeschlitten und auf Skiern, kolorierter Holzschnitt aus Herberstein, Rerum Moscoviticarum Commentarii, 1549

1560   1600   1640   **1680**

1552/54 Eroberung der Khanate Kasan und Astrachan

1575/76 Habsburgische Gesandtschaft zu Iwan IV. und Moskauer Gesandtschaft zu Maximilian II.

1519–1556 Karl V.   1564–1576 Maximilian II.   1589–1612 „Zeit der Wirren": Polnische Truppen besetzen Moskau

1533–1584 Iwan IV., „der Schreckliche" (ab 1547 „Zar")

1558–1583 Livländischer (Erster Nordischer) Krieg   1618–1648 Dreißigjähriger Krieg

Die Moskauer Gesandten in Regensburg 1576

Seit der Aufnahme diplomatischer Beziehungen im späten 15. Jahrhundert waren Moskauer Gesandtschaften ins Heilige Römische Reich deutscher Nation nichts Ungewöhnliches. Die gebildeten Schichten in Deutschland waren über „Moskowien" spätestens seit dem Erscheinen von Herbersteins Russlandkunde unterrichtet, wobei die propagandistischen Flugblätter über die Gräueltaten Iwans IV. („der Schreckliche") im Livländischen Krieg seit 1558 ihr Übriges taten, ein negatives Russlandbild zu zementieren.

Ankunft in Regensburg

Einen besonderen Eindruck im öffentlichen Bewusstsein aber hinterließ der Auftritt der Gesandtschaft Iwans IV. zu Kaiser Maximilian II. im Jahr 1576 während des Reichstages in Regensburg. Die Moskauer Gesandtschaft, geleitet von Fürst Sugorski und dem Geistlichen Arzybaschew, wurde von Printz und dem Rest der Habsburger Gesandtschaft (siehe S. 38f.) in Dorpat/Tartu erwartet. Von dort aus ging es am 5. April 1576, aus Sicherheitsgründen durch Livland und unter dem Schutz von 20 deutschen Reitern, in fünf Kutschwagen über Memel, Danzig, durch Pommern und die Mark Brandenburg bis an die schlesische Grenze. Die 27 Mann der Moskauer Delegation und die 20 Begleiter von Printz erreichten schließlich Prag, wo der böhmische König die Russen ehrenvoll empfing.

Am 7. Juli 1576 trafen sie in Regensburg ein, wohin Kaiser Maximilian II. den Reichstag einberufen hatte. Die Gesandten wurden von hohen Adeligen und 600 Reitern über die Steinerne Brücke und durch ein Spalier von 2 000 Hakenbüchsenschützen und Hellebardieren der Bürgerwehr (was im Bericht der russischen Gesandten besondere Erwähnung fand) zu ihrem Quartier in der Neuen Waag geleitet. Der Aufenthalt der Delegation sollte bis zum 15. September dauern und bot der Regensburger Bevölkerung, den Teilnehmern des Reichstags und den russischen Gesandten Gelegenheit, sich kennen zu lernen.

1 Porträt Kaiser Maximilians II. im Alter von etwa 40 Jahren, Ölgemälde von Nicolas Neuchatel, 81 x 65 cm, um 1566

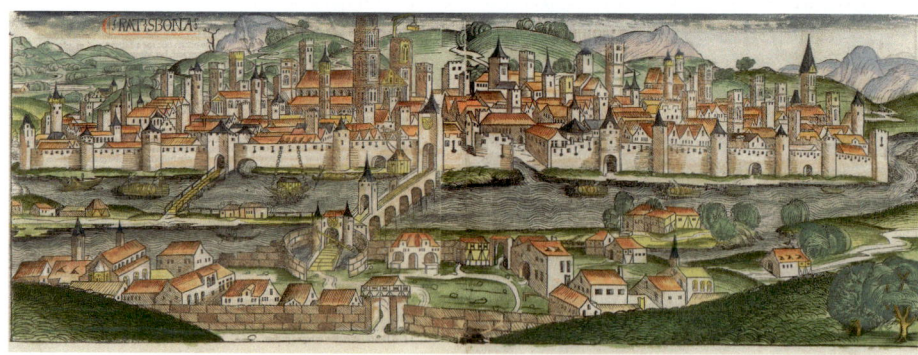

2 Ansicht der Freien Reichsstadt Regensburg von Norden, kolorierter Holzschnitt, Schedelsche Weltchronik, 1493.
Im Vordergrund Stadt am Hof mit der Steinernen Brücke über die Donau, hinter den Mauern Häuser und die Türme des Doms, die noch im Bau sind.

| 1400 | 1420 | | 1460 | | 1500 | | 1540 |

1462–1505 Iwan III., „Sammler der russischen Erde" 1505–1533 Wassili III.

1386–1572 Polen-Litauen unter der Herrschaft der Jagiellonen

Empfang bei Maximilian II.

Der Empfang beim Kaiser, der im Bischofshof neben dem Dom residierte, fand erst am 16. Juli um acht Uhr früh unter großem öffentlichem Aufsehen statt. Er ist in einem kolorierten Holzschnitt mit Reimgedicht detailgetreu festgehalten, der als Flugblatt weite Verbreitung gefunden hat.

Übereinstimmend mit den Augenzeugenberichten verließen die fünf russischen Gesandten in ihren schweren Prachtmänteln die kaiserlichen Kutschen. Dahinter schritten die übrigen Mitglieder der Delegation mit den Geschenken für den Kaiser und seine beiden anwesenden Söhne, Zobelfelle der besten Qualität im Wert von 4 200,– Gulden. Die Audienz im Bischofshof fiel steif aus und entsprach nicht dem Zeremoniell, wie es die Gesandten am Moskauer Hof gewohnt waren. Vor allem mussten die Diplomaten als Affront werten, dass der Kaiser nicht am Festbankett teilnahm, das heißt „das Brot mit ihnen teilte", nachdem sie sich zuvor mit Stirnschlagen (Proskynese) verabschiedet hatten.

Ergebnis

Insgesamt blieb auch diese Mission wenig erfolgreich. Iwan IV. wollte im Livlandkrieg nicht einlenken und Maximilian II. verweigerte in seinem Antwortschreiben an Iwan IV. die Titulatur „Zar", weil dies die Gleichstellung mit dem römisch-deutschen Kaiser bedeutet hätte. Zum Abschied reich mit goldenen Ketten, Trinkgeschirren, Damast und Barem beschenkt, gelangte die Gesandtschaft nach einer Seereise von Stettin nach Pernau am 3. Januar 1577 wieder in Moskau an.

Über das Amtliche hinausgehende Beobachtungen der Russen sind in den Gesandtschaftsberichten nicht vermerkt. Aber sicher waren die Eindrücke ebenso fremdartig wie diejenigen der Deutschen im Moskauer Reich. Aus den zeitgenössischen Berichten von Teilnehmern des Reichstages ergibt sich ein ähnliches, durch gegenseitiges Unverständnis bewirktes negatives Bild, wie es von Herberstein und anderen Reisenden vorgezeichnet war. Nur die Gottesfürchtigkeit und Frömmigkeit der Moskowiter hob sich positiv davon ab.

3 Aufzug der Gesandtschaft Iwans IV. bei der Audienz Kaiser Maximilians II. in Regensburg 1576, illustrierter Einblattdruck in drei alt kolorierten Teilen, Donat Hübschmann zugeschrieben, gedruckt bei Michael Peterle in Prag, 1576

4 Gottesdienst der russischen Gesandten in Regensburg 1576, unbekannter Meister, 1576

1580   1620   1660   **1700**

1575/76 Habsburgische Gesandtschaft zu Zar Iwan IV. und Moskauer Gesandtschaft zu Maximilian II.

1564–1576 Maximilian II.   **1589–1612** „Zeit der Wirren": Polnische Truppen besetzen Moskau

1533–1584 Iwan IV., „der Schreckliche" (ab 1547 „Zar")

1558–1583 Livländischer (Erster Nordischer) Krieg   **1618–1648** Dreißigjähriger Krieg

Adam Olearius – Russlandexperte am Hof Christian Albrechts

Eine ähnliche Langzeitwirkung wie das Werk Sigmund von Herbersteins hatte die Reisebeschreibung des Gottorfer Hofgelehrten und Bibliothekars Adam Olearius (1599–1671). Seine „Vermehrte neue Beschreibung der Muscowitischen und Persischen Reise" erschien in neun Auflagen in Hamburg und Schleswig und wurde in alle wichtigen europäischen Sprachen übersetzt.

Über Russland nach Persien

Mitten in den Wirren des Dreißigjährigen Krieges versuchte Herzog Friedrich III. (1616–1659) von Schleswig-Holstein-Gottorf sein Herzogtum wirtschaftlich zu ertüchtigen. Er plante, einen direkten Fernhandel zwischen dem persischen Isfahan und Gottorf einzurichten, um so den Erfolg der holländischen Ostindischen Handelskompanie zu übertreffen, welche die Schätze aus dem Orient um Afrika herum verschiffte.

Die Idee, hinter der der Hamburger Kaufmann Otto Brüggemann stand, nämlich die Waren per Schiff von Persien über das Kaspische Meer, die Wolga und die Düna zur Ostsee und schließlich über die Schlei bis Friedrichstadt, dem Umschlagplatz für die Luxuswaren, zu transportieren, war nicht neu, das hatten schon die Waräger praktiziert. Sie war dennoch faszinierend. Brüggemann hatte 1632 in Moskau die Genehmigung zur Durchreise der Handelsdelegation nach Persien erhalten, an der Adam Olearius von November 1633 bis August 1639 als „Rath und Secretarius" teilnahm. Brüggemanns Vorhaben scheiterte an den Realitäten, unter anderem an den horrenden Transitgebühren durch Russland. Olearius jedoch hatte, länger als je zuvor ein westlicher Gelehrter,

1 Adam Olearius, Kupferstich von Christian Rothgießer aus „Vermehrte Newe Beschreibung der Muscowitischen und Persischen Reyse, Schleswig 1656"

2 Die holsteinische und schwedische Handelsdelegation auf dem Weg zum Empfang bei Zar Michail Fjodorowitsch Romanow im Kreml, undatiert, anonym

Herbersteins Russlandkunde („Rerum Moscoviticarum Commentarii") **1549**

1462–1505 Iwan III., „Sammler der russischen Erde"   **1505–1533** Wassili III.

die Möglichkeit, die Sitten und Gebräuche, exotischen Auffälligkeiten, im Speziellen auch die Gepflogenheiten am Hof des Zaren Michail Fjodorowitsch Romanow (1613–1645), durch eigene Erfahrung zu studieren. Zudem beschäftigte er sich mit geografischen und astronomischen Fragen in den durchreisten Ländern und hielt seine Beobachtungen in seinem reich bebilderten Reisebericht fest.

Der Gottorfer Riesenglobus

Nach seinen abenteuerlichen, wissenschaftlich sehr ergiebigen Reisen in „Muscowien" und Persien konnte Olearius, der eine Anstellung bei Zar Michail Romanow als Hofastronom abgelehnt hatte, ab 1639 in Gottorf als „Mathematicus und Bibliothekar" am Hof Friedrichs III. und seines Nachfolgers Christian Albrecht (1659–1695) seinen Forschungen nachgehen. Zwischen 1650 und 1664 konstruierte er den Gottorfer Riesenglobus, der über ein kompliziertes Laufwerk die Erdumdrehung imitierte, außen die Gestalt der Erde und im begehbaren Inneren ein kunstvoll gemaltes, weltweit erstes Planetarium zeigte. Das Wunderwerk barocker Wissenschaft und Ingenieurskunst, aufgestellt in einem eigens im Neuwerkgarten Schleswigs im persischen Stil erbauten vierstöckigen Haus, erregte auch das Interesse Zar Peters I. Er nötigte den regierenden Gottorfer Herzog 1713, ihm den Riesenglobus als Geschenk zu überlassen. Der Transport von Schleswig auf dem Landweg nach St. Petersburg dauerte aufgrund logistischer Probleme vier Jahre. In der Petersburger Akademie der Wissenschaften prominent präsentiert, wurde der Riesenglobus bei einem Brand im Jahr 1747 fast völlig zerstört und von Michail W. Lomonossow wieder neu aufgebaut. Vom Original ist nur die Tür mit dem herzoglichen Wappen erhalten, die im Lauf ihrer mehr als 300-jährigen Geschichte viele weitere Unglücksfälle des zeitweise fast völlig vergessenen Riesenglobus überstanden hat.

3 Buckelpokal mit Deckel, Silber, vergoldet. Höhe 62 cm, Nürnberg, erste Hälfte des 17. Jh., Geschenk der holsteinischen Gesandtschaft an den Zaren

4 Tür des Gottorfer Riesenglobus mit herzoglichem Wappen. 100 x 87 x 30 cm, einzig original erhaltenes Teil des zwischen 1650 und 1664 von Adam Olearius geschaffenen barocken Wunderwerks

---

1580   1620   1660   **1700**

Adam Olearius' Expedition durch Russland **1633–1639**   Christian Albrecht von Schleswig-Holstein-Gottorf **1659–1695**

1616–1659 Friedrich III. von Schleswig-Holstein-Gottorf

1533–1584 Iwan IV., „der Schreckliche" (ab 1547 „Zar")   **1613–1645** Michail Romanow   **1645–1676** Alexei I.   Sofija Alexejewna **1682–1689**

„Zeit der Wirren" **1589–1612**   **1618–1648** Dreißigjähriger Krieg   Peter I., „der Große" **1682/89–1725**

Diplomatische Geschenke

1 Astronomische Uhr mit Globus, Messing, vergoldet, Höhe 49 cm, Durchmesser 31,2 cm, zweite Hälfte 16. Jh.

Im diplomatischen Verkehr zwischen den deutschen Fürsten und dem Moskauer Hof hatten Gastgeschenke einen hohen Stellenwert. Von dem Pelzwerk, kostbar aber vergänglich, das die russischen Gesandten übergaben, ist nichts erhalten, umso mehr aber Kunsthandwerkliches aus deutschen Landen in Russland. Frühe Zeugnisse sind der Hahnenpokal, wahrscheinlich ein Geschenk Kaiser Maximilians I. oder Jörg von Thurns anlässlich seiner Missionen nach Moskau zu Iwan III. 1491, oder auch die astronomische Uhr mit Sternenglobus, die aus dem Besitz Kaiser Rudolfs II. 1584 an Iwan IV. überging. Kaiser Leopold I. (1658–1705) beschenkte den Großgesandten des Zaren, Potemkin, 1675 mit Meisterwerken der Augsburger Goldschmiedekunst: ein Paar silberne Kerzenleuchter mit den Porträts dreier römischer Kaiser und ein Paar große zweiarmige Tischleuchter mit den allegorischen Figuren des Jupiter und der Juno aus Silber. Wohl im Zusammenhang mit dem Sieg über die Türken vor Wien sandte Leopold I. diplomatische Geschenke nach Moskau, wo Sofija Alexejewna als Regentin für die Zaren Iwan und Peter herrschte. Darunter befanden sich eine aus Silber getriebene, figürlich reich ornamentierte und teilvergoldete Schauplatte mit der Darstellung gefangener Türken vor dem Kaiserlichen Hof und ein Tafelaufsatz in Form eines Reiters.

2 Porträt des Großgesandten Potemkin, Öl auf Leinwand, Original 1680, London, Kopie 1882

1400   1420   1460   1500   1540

Erste Belagerung Wiens durch die Türken **1529**

1462–1505 Iwan III., „Sammler der russischen Erde"   **1505–1533** Wassili III.

1438–1806 Könige und Kaiser der Habsburger

3 Schauplatte mit der Darstellung gefangener Türken vor dem Kaiser, Silber, gegossen und getrieben, teilvergoldet, 93 x 78 cm, Lorenz Biller, Augsburg, 1683/84

4 Zweiarmiger Tischleuchter mit der vollplastischen Figur der Juno, Silber, gegossen, getrieben, punziert, Höhe 73,5 cm, J. Scheppich, Augsburg, 1670/75

5 Reiterfigur auf Sockel, Silber, teilvergoldet, Höhe 45,5 cm, Lorenz Biller, Augsburg, 1683/84

1580	1620	1660	**1700**

1552/54 Eroberung der Khanate Kasan und Astrachan

1640–1688 Friedrich Wilhelm von Preußen, „der Große Kurfürst"

1618–1648 Dreißigjähriger Krieg

Großer Türkenkrieg **1683–1699**

1533–1584 Iwan IV., „der Schreckliche" (ab 1547 „Zar") **1613–1645** Michail Romanow   **1645–1676** Alexei I.   Sofija Alexejewna **1682–1689**

Könige und Kaiser der Habsburger **1438–1806**

Brandenburg-Preußen und der Moskauer Hof

Nach Ende des Dreißigjährigen Krieges nahm der brandenburgische Kurfürst Friedrich Wilhelm (der „Große Kurfürst") erste diplomatische Beziehungen zum Hof in Moskau auf und schickte Heinrich Reif (Reyff) zu Alexei I. Unter den Geschenken für den Zaren befanden sich sechs Konfektschalen aus Bernstein „und andere Galanterien". Der kurfürstlichen Gesandtschaft von 1649 wurden zwar nicht dieselben protokollarischen Ehren zuteil, wie sie den großen kaiserlichen und sonstigen Gesandtschaften gekrönter Häupter in Moskau zugestanden wurden, aber der Auftritt Reifs hatte vor dem Hintergrund der politischen Spannungen in Nordosteuropa durchaus positive Auswirkungen auf das Verhältnis zwischen Brandenburg und Russland.

Die Mission Johann Reyers

Geschenke waren wichtig und konnten ausschlaggebend für den Erfolg einer Mission an den Zarenhof sein. Davon musste Johann Reyer, Sonderbotschafter des brandenburgischen Kurfürsten und Herzogs von Preußen, den in Regierungsgeschäften noch unerfahrenen Friedrich III. erst überzeugen, als dieser ihn 1688 ohne Geschenke nach Moskau schicken wollte.

Reyer kaufte in Danzig einen Kabinettskasten mit Bernsteineinlagen für 1150 Reichstaler, zwei zwölfarmige Kronleuchter für 600 und ein Schachspiel für 500 Reichstaler, von denen Zeichnungen im Maßstab 1:1 erhalten sind. In seiner Leibkutsche und fünf Wagen für Dienerschaft und Gepäck machte er sich am 28. September 1688 auf den Weg durch Litauen nach Moskau. Bereits am 2. Dezember fand die Antrittsaudienz statt, deren zeremonieller Ablauf im Vergleich mit Audienzen kaiserlicher Gesandtschaften etwas reduziert war, im Prinzip aber wie zu Zeiten Iwans III. ablief (siehe S. 38 f.). Reyer wurde mit einem großen, von sechs Pferden gezogenen Schlitten vom Gesandtenpalais abgeholt. Voran schritten 24 Strelitzen mit den Geschenken, ihnen folgten sechs von Reyers Bediensteten auf Pferden des Zaren sowie der Hofmeister und ein Sekretär, die beide die in schwarzen Taft gehüllten Kreditive, die Vollmachten Reyers, hoch hielten.

Die Audienz erfolgte in einem großen Saal, in dem die beiden Zaren auf einem goldenen Thron die Gesandtschaft erwarteten. Nach den diplomatischen Prä-

1 Kurfürst Friedrich Wilhelm von Brandenburg, Miniatur aus dem Großen Staatshandbuch (Titulemika), Moskau, 1673
2 Entsendungsschreiben Friedrichs III. von Brandenburg für den Sondergesandten Johann Reyer 1688, 45 x 63,5 cm

1400   1420   1460   1500   1540

Erste Belagerung Wiens durch die Türken **1529**

1462–1505 Iwan III., „Sammler der russischen Erde"   **1505–1533** Wassili III.

1438–1806 Könige und Kaiser der Habsburger

liminarien verlas der Großkanzler die Präsente: Zar Iwan erhielt eine mit Silberblech belegte große Uhr, den Kronleuchter aus Bernstein und zwei große silberne Tafelleuchter, Zar Peter das Schachspiel aus Bernstein und zwei große silberne Tafelleuchter. Die beiden Tafelleuchter aus Bernstein überreichte Reyer den beiden Zaren als persönliche Geschenke. Das teuerste Stück, den Kabinettskasten aus Bernstein, hatte man schon zuvor Prinzessin Sofija, der Halbschwester der Zaren und eigentlichen Regentin, übergeben.

Das, was heute als Bestechung gilt, fand am nächsten Tag auch mit dem mächtigsten Minister und Günstling Sofijas statt: Er erhielt von Kurfürst Friedrich III. einen hohen vergoldeten Pokal mit Deckel in Form einer Traube und von Reyer persönlich eine mit Silberintarsien verzierte Flinte. Die Geschenke wurden insgesamt sehr wohlwollend aufgenommen und trugen wesentlich zum Erfolg der brandenburgischen Gesandtschaft bei. Die Abschiedsaudienz nahm Zar Peter allein vor. Flankiert von vier Truchsessen mit blank gezogenen Schwertern überreichte er Reyer persönlich das Antwortschreiben an den Kurfürsten und sprach die Grußworte. Dies bedeutete eine Erhöhung der Wertschätzung des Kurfürsten, was auch in den Abschiedsgeschenken von zwei Zimmer (=120 Stück) Futterzobel, sechs Paar Zobel für Mützen und 200 Dukaten in bar zum Ausdruck kam.

Was Johann Reyer noch aus Moskau mitbrachte, waren Aufzeichnungen über die regierenden Zaren, Angaben zu den Ministern, den Hofchargen und der Beamtenschaft. Ebenso hatte er sich Notizen zu den Völkern im östlichen Zarenreich bis hin nach Sibirien und die Tatarei sowie das Handelswesen gemacht, sodass seine Mission im Ergebnis auch den Kenntnisstand über Russland am brandenburgisch-preußischen Hof wesentlich erweiterte.

3 Konfektschale, Bernstein mit Goldbordüre, Höhe 15,5 cm, Geschenk des Großen Kurfürsten an Zar Alexei I., 1649

4 Gefäß aus Bernstein mit Deckel und Goldbordüren, Höhe 26,5 cm, Geschenk des Großen Kurfürsten an Zar Alexei I., 1649

REGIERUNGSZEIT SOFIJA ALEXEJEWNAS (1682–1689)

Die Tochter Alexeis I. wurde 1682 als Regentin für ihre Halbbrüder Iwan V. und Peter I. eingesetzt. Nach ihrem Sturz 1689 übernahm Peter I. („der Große") die alleinige Herrschaft.

5 Aquarell des Kabinettkastens aus Bernstein im Maßstab 1:1, Original 50 x 51,5 cm, Danzig, 1688, Geschenk Reyers für die Regentin Sofija

1580   1620   1660   **1700**

1552/54 Eroberung der Khanate Kasan und Astrachan   **1640–1688** Friedrich Wilhelm von Preußen, „der Große Kurfürst"

1618–1648 Dreißigjähriger Krieg   Großer Türkenkrieg **1683–1699**

1533–1584 Iwan IV., „der Schreckliche" (ab 1547 „Zar")   **1613–1645** Michail Romanow   **1645–1676** Alexei I.   Sofija Alexejewna **1682–1689**

Könige und Kaiser der Habsburger **1438–1806**

Spezialisten für das Moskauer Reich

MERCATOR IN RVSSIA

CLXVII.
Also pflegen die Handelsleuth in Reussen bekleidt zu gehen.
In Reussen die alten Handelsleuth/   Das ist gwönlich von rauher Waar/
Die tragen gern ein langes Kleidt.   Ein seltzam Hüt auff irem Haar.
Zt iij

1 Westlicher Kaufmann in Russland, aus: Hans Weigel, Habitus praecipuarum popularum (Trachtenbuch), Nürnberg, 1577. Bildunterschrift: *Also pflegen die Handelsleuth in Reussen bekleidt zu gehen. In Reussen die alten Handelsleuth/ Die tragen gern ein langes Kleidt, Das ist gwönlich von rauher Waar/ ein seltsam Hut auff irem Haar.* Inwieweit die Trachtenbilder die Kleidung authentisch wiedergeben, ist umstritten.

Seit dem Ende der Abhängigkeit von der „Goldenen Horde" und der Wiedererlangung der Souveränität versuchten die Moskauer Herrscher, die wirtschaftlichen, technischen und militärischen Defizite gegenüber den westeuropäischen Staaten durch die Anwerbung von Spezialisten auszugleichen. Sie erhofften sich damit, ihre Machtposition gegenüber Litauen, den Krimtataren, dem Osmanischen Reich und Schweden zu sichern.

Techniktransfer im 15. und 16. Jahrhundert

Zuerst kamen im Gefolge Zoës (Sophia), der Nichte des letzten byzantinischen Kaisers und Ehefrau Iwans III., Griechen ins Land, die die Verwaltung und das höfische Zeremoniell organisierten. Dann restaurierten, auf Vermittlung der päpstlichen Kurie, italienische Architekten den Moskauer Kreml nach neuesten Erkenntnissen der Festungstechnik. 1494 schließlich kam eine erste Gruppe von Fachleuten aus dem römisch-deutschen Reich, die der Zar als Ärzte, Bergleute, Handwerker, Baumeister, Rüstungsschmiede, Geschützgießer und sonstige Kriegsleute angeworben hatte. Auch Obristen samt ihren Fähnlein aus Landsknechten verdingten sich beim Moskauer Herrscher. Der frühe Techniktransfer veranlasste den Hochmeister des Deutschen Ordens zur Klage: „Sie [die Russen] haben mithilfe geflohener deutscher Werkmeister (jetzt) Kriegsmittel, die wir so noch nie gesehen haben."

Trotz der Bedrohung, die sich aus der Expansionspolitik Iwans IV. für das zum Reich gehörige Livland ergab, gewährte Kaiser Karl V. 1547 dem Moskauer Agenten Hans Schlitte das Privileg, in Deutschland Fachkräfte aller Art anzuwerben. Allerdings kam die Gruppe aus 183 Spezialisten nur bis Lübeck, wo sie auf Betreiben des Landmeisters des Livländischen Ordens vom Rat der Stadt an der Weiterreise nach Russland gehindert und Hans Schlitte für zwei Jahre im Gefängnis festgesetzt wurde.

Ein kaiserliches Mandat vom November 1560, das den Reichsangehörigen wegen des Livländischen Krieges (1558–1583) verbot, kriegswichtige Güter nach Russland zu verhandeln oder dort anzuwerben, blieb weitgehend wirkungslos.

1500   **1600**

Umsiedlung der Ausländer aus Moskau in die „Neue deutsche Freiheit" **1652**

1519–1556 Karl V.   **1558–1583** Livländischer (Erster Nordischer) Krieg

Dreißigjähriger Krieg **1618–1648**

1589–1612 „Zeit der Wirren"

1462–1505 Iwan III., „Sammler der russischen Erde"   **1533–1584** Iwan IV., „der Schreckliche"   **1613–1645** Michail Romanow

Der Glockengießer Iwan Falk

Der Techniktransfer, nicht nur im militärischen Bereich, setzte sich auch im 17. Jahrhundert ungebrochen fort, wobei nicht immer sicher ist, ob er von den Regierenden der Städte oder Herkunftsländer genehmigt oder gar gewünscht war. So ein Fall ist Hans beziehungsweise Iwan Falk, den Adam Olearius 1635 als hoch bezahlten „holländischen" Meister im Gießhaus des Zaren Michail Romanow erwähnt.

Dieser Hans Falk war in Wirklichkeit ein Bürger der Freien Reichsstadt Nürnberg, damals ein europäisches Zentrum des Metallhandwerks, und hatte sich in Holland einen Namen als Glockengießer gemacht. Er war, wie Olearius vermerkt, auch geschickt im Kanonengießen. Im Moskauer Gießhaus beschäftigte Falk zehn Lehrlinge und Gesellen. Erhalten sind von Falks Wirken in Moskau eine Bittschrift an den Zaren um Überlassung eines Hofes in Moskau, ein Verzeichnis der von ihm gegossenen Artilleriegeschütze im Moskauer Arsenal und eine von ihm gegossene Glocke.

Die Besoldung Falks, der zeitlebens kein Russisch sprach, muss fürstlich gewesen sein und hat mit Sicherheit den Neid seiner einheimischen Konkurrenten erregt. Ihm wurde beim Guss von Glocken für mehrere bedeutende Klöster der Vorzug vor den russischen Meistern gegeben. Als Iwan Falk 1653 starb, hinterließ er seine Familie in Wohlstand. Seine Karriere in Russland ist kein Einzelfall, sondern symptomatisch für eine Reihe von Moskauer Deutschen, die durch ihr Können und die Protektion der Zaren zum Erfolg kamen und deren Nachkommen zu Russen wurden.

2 Glocke, Bronze, 110 x 95 cm, 600 kg, gegossen von Iwan Falk in Moskau, 1649

3 Modell eines Geschützes auf langer Lafette, Länge 131 cm, Bronze, Stahl, Eisen, Holz, Teil des sog. „Kleinen Feldlagers", Johann Karl, Nürnberg, 1632

4 Verzeichnis der von Iwan Falk gegossenen Kanonen im Moskauer Arsenal, 1640

1700 — 1800

1640–1688 Friedrich Wilhelm von Preußen, „der Große Kurfürst"

1682/89–1725 Peter I., „der Große"

Die Deutsche Vorstadt in Moskau

1 Grabstein des Caspar von Elverfeldt, Dr. der Rechte und gewesener Landdroste von Petershagen, gestorben 1571, Ausländerfriedhof in Moskau

2 Grabstein des Engelbrecht Grothusen, gestorben 1593, Ausländerfriedhof in Moskau

ZEIT DER WIRREN 1589–1612
Bezeichnung für die bürgerkriegshafte Situation in Russland nach dem Aussterben der Rurikiden, die mit der Wahl Michail Romanows zum Zaren beendet wurde.

Die Geschichte der Deutschen Vorstadt in Moskau beginnt mit Iwan IV., der 1565 nach der Eroberung Dorpats (Tartu) deutsche Familien von dort deportieren und in verschiedenen russischen Städten ansiedeln ließ. So auch in zwei bis drei Kilometern Entfernung im Nordosten von Moskau am Flüsschen Jausa. Hier entwickelte sich seit 1575/76 eine Gemeinde von deutschen Livländern, die mit Billigung des Zaren die christliche Lehre nach dem Augsburger Bekenntnis von 1517 lebten.

Schon eine Generation später befand sich anstelle des hölzernen Bethauses eine aufwändig gebaute Holzkirche mit Begräbnisgruft der rasch wachsenden Gemeinde, die von deutschen Pastoren aus Livland und dem Reich betreut und geleitet wurde.

„Neue Deutsche Freiheit"

In der „Zeit der Wirren" 1610 vollständig niedergebrannt und weitgehend entvölkert, erholte sich das deutsche Gemeinwesen unter der Herrschaft der frühen Romanows rasch wieder. Ein Erlass des Zaren Alexei I. aus dem Jahr 1652 förderte diese Entwicklung: Auf langjährigen Druck der orthodoxen Geistlichkeit und der konservativen russischen Kreise verfügte der Zar die Ausweisung aller westlichen Ausländer aus der Stadt, die bis dahin vor allem in den nordöstlichen Vierteln Moskaus ihren Wohnsitz gehabt hatten. Auf Kosten des Staates wurden sie in die „Neue Deutsche Freiheit" an der Stelle der älteren Deutschen Vorstadt an der Jausa im heutigen Bezirk Lefortowo eingewiesen. Den deutschen Kirchengemeinden, von denen es drei gab, wurden eigene Grundstücke zugewiesen und bei der alten Sankt-Michaelskirche an der unteren Staße (heute Radiostraße) bestand ein eigener Friedhof für alle „Moskauer Deutschen". In der „Neuen Deutschen Freiheit" lebten Angehörige vieler westeuropäischer Nationen – die Polen hatten ein eigenes Viertel – , aber der Anteil der Deutschsprachigen war so hoch, dass Deutsch die Umgangssprache wurde. Den Bewohnern war es verboten, sich russisch zu kleiden, sie genossen aber wegen ihrer wirtschaftlichen Bedeutung als Ausländer Privilegien wie Religionsfreiheit und Autonomie in der Verwaltung ihrer Gemeinden. Täglich gab es drei Märkte, die bei den reformierten Kirchen abgehalten wurden. Gegen Ende des 17. Jahrhunderts änderte sich das bis dahin „russisch" anmutende Ortsbild. Es entstanden mehrstöckige Holzhäuser nach westeuropäischem Vorbild in prächtig gestalteten Nutz- und Ziergärten. Diese und die Spitzen der Kirchtürme vermittelten den Eindruck einer „deutschen Stadt, groß und belebt" (Kowrigina).

1500   **1600**

1517 Beginn der Reformation   ab 1575/76 Entstehung der Deutschen Vorstadt von Moskau

1519–1556 Karl V.   1558–1583 Livländischer Krieg   Dreißigjähriger Krieg **1618–1648**

1589–1612 „Zeit der Wirren"

1462–1505 Iwan III., „Sammler der russischen Erde"   1533–1584 Iwan IV., „der Schreckliche"   1613–1645 Michail Romanow

Bei Streifzügen durch dieses bunte, lebhafte und weltläufige Milieu der *Nemeckaja sloboda* machte der junge Zar Peter I. Erfahrungen, die sein politisches Wirken maßgeblich beeinflussten. Im 18. Jahrhundert wurde die Deutsche Vorstadt mit ihren Steinhäusern, den gepflasterten Straßen und der nächtlichen Straßenbeleuchtung zum Nobelviertel. Immer noch außerhalb der Stadtmauern gelegen, zogen Festzüge anlässlich der Zarenkrönung oder sonstiger außergewöhnlicher Ereignisse vom Kreml aus durch die Hauptstraße der Deutschen Vorstadt, wobei das ganze Gebiet durch den Bau des Lefortowo-Palastes und das Palais des Wojewoden F. A. Golowkin aufgewertet worden war. Schon in den 1720er Jahren betrug die Zahl der Einwohner zwei Prozent der Bevölkerung Moskaus, die damals auf weit mehr als 100 000 geschätzt werden darf.

Im Napoleonischen Krieg brannte das Stadtviertel vollständig ab und verlor beim Wiederaufbau seinen westeuropäischen Charakter. Die ausländischen Kaufleute, Handwerksbetriebe und Fabrikanten siedelten sich bevorzugt wieder in Moskau selbst an und überließen die Deutsche Vorstadt, die bis zum Beginn des 20. Jahrhunderts so genannt wurde, den russischen Händlern und Gewerbetreibenden.

3 Buch mit einer stereotyp gedruckten Eidesformel auf jeder Seite, unter der die Bewohner der Deutschen Vorstadt mit ihrer Unterschrift samt Berufsbezeichnung bestätigen, dass sie der Kaiserin Elisabeth Petrowna untertan sind, datiert 15. November 1742

WOJEWODE
Hohes Amt in der russischen Verwaltung

4 Ansicht des Landsitzes des Fürsten Golowkin und der Deutschen Vorstadt, Kupferstich in zwei Blättern, 1705

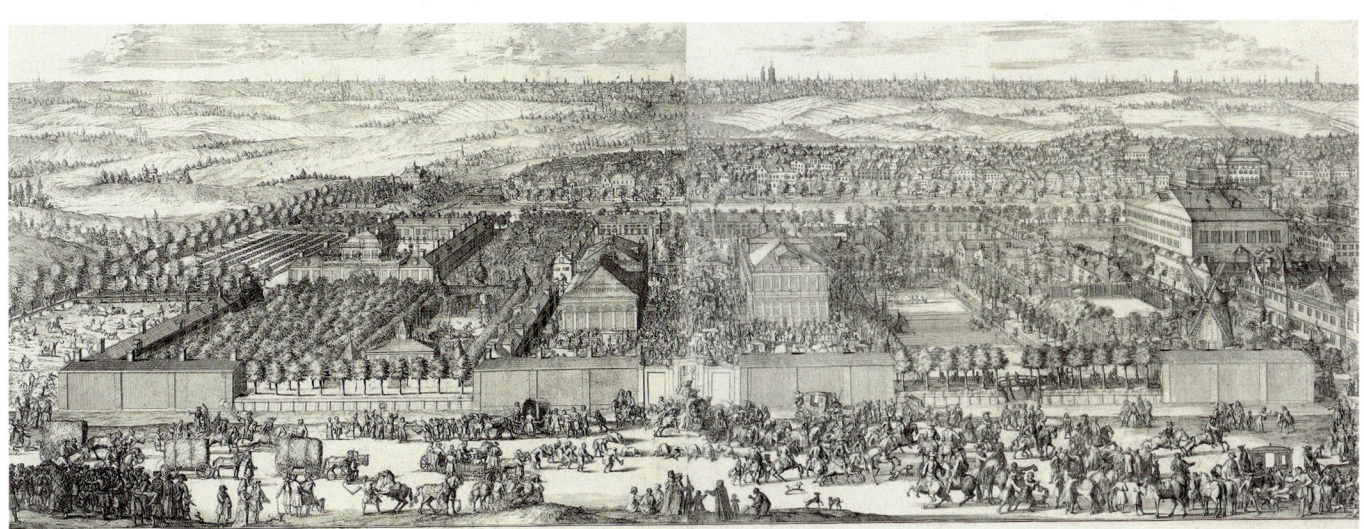

1700

1800

1652 Umsiedlung der Ausländer aus Moskau in die „Neue deutsche Freiheit"

1789 Französische Revolution

1683–1699 Großer Türkenkrieg mit Belagerung Wiens

1640–1688 Friedrich Wilhelm von Preußen, „der Große Kurfürst"

1682/89–1725 Peter I., „der Große"

Die Heiratspolitik russischer und deutscher Adelshäuser

1 Katharina II., Ölgemälde von Georg Christoph Grooth, 1745/46. Prinzessin Sophie Friederike Auguste von Anhalt-Zerbst heiratete 1745 Peter III. und regierte seit 1762 als Katharina II. Russland.

Heiraten in Adelskreisen war bis zu Beginn des 20. Jahrhunderts eine politische Angelegenheit, bei der es darum ging, die Macht und den Fortbestand der Dynastie durch die Geburt eines Thronfolgers zu sichern. Die Heiratspolitik zwischen Mitgliedern der Zarenfamilie und dem deutschen Adel begann bereits unter den Rurikiden (siehe S.10 f.). Nach diesen vereinzelten Anfängen kam es während der Herrschaft der Romanows von 1613 bis 1917 zu einer Vielzahl von Eheschließungen, vor allem nach der unter Zar Peter I. eingeleiteten Westorientierung des Russischen Reiches. Dabei konnten die Romanows aus einem großen Angebot an deutschen Fürstenfamilien wählen, die alle, ganz gleich, wie groß oder klein ihre Territorien waren, über weitreichende dynastische Beziehungen verfügten.

Nachfolgeregelungen unter Peter I.

Als Peter I. während des Nordischen Krieges gegen Schweden die beiden Töchter seines Halbbruders Iwan V. mit deutschen Herzögen verheiraten ließ, leiteten ihn noch militärische Interessen. Bei der Regelung seiner eigenen Nachfolge traten dynastische Ziele in den Vordergrund: 1711 vermählte Peter I. seinen Sohn Alexei mit Charlotte Christine Sophie aus dem Herzogtum Braunschweig-Wolfenbüttel, die jedoch 21-jährig nach der Geburt ihres zweiten Kindes starb. Alexei wurde nach jahrelangem Konflikt mit seinem Vater 1719 wegen Landesverrats zum Tode verurteilt und hingerichtet. Nachdem seine Nachfolgepläne auf diese Weise gescheitert waren, hob Peter I. 1722 die dynastische Erbfolge in Russland auf. Seine neue Thronfolgeregelung sah vor, dass der Zar den Nachfolger zu Lebzeiten selbst bestimmen sollte. Peter starb jedoch, bevor er seine eigene Nachfolge geregelt hatte.
1730 starb mit dem fünfzehnjährigen Peter II., dem Sohn von Alexei und Charlotte von Braunschweig-Wolfenbüttel, die männliche Linie der Romanow-Familie aus.

1700	1725	1775	1825

1722 Abschaffung der dynastischen Erbfolge durch Peter I.   1789 Französische Revolution

1762 Sturz Peters III. durch Katharina II.   1815 Wiener Kongress

1700–1721 Großer Nordischer Krieg   Befreiungskriege gegen Napoleon 1812–1815

1701–1918 Königreich Preußen unter der Dynastie der Hohenzollern

1613–1917 Dynastie der Romanows

Heiratspolitik unter Katharina II.

Die unverheiratete und kinderlose Elisabeth, Tochter Peters I. und Kaiserin von 1741 bis 1762, bestimmte ihren Neffen Karl Peter Ulrich, seit 1739 Herzog von Holstein-Gottorf, zu ihrem Thronfolger. Zur Frau wurde ihm Prinzessin Sophie Friederike Auguste von Anhalt-Zerbst bestimmt, die spätere Katharina II., „die Große". Katharinas Ehemann, der 1762 als Zar Peter III. den Thron bestieg, wurde im selben Jahr von seiner Gemahlin gestürzt und wenige Tage später ermordet.

Katharina wiederum verheiratete ihren Sohn Paul, der 1754 aus ihrem Liebesverhältnis mit Sergei Saltykow hervorgegangen und noch von Elisabeth als Thronfolger anerkannt worden war, mit Wilhelmine von Hessen-Darmstadt. Nach deren frühem Tod 1776 arrangierte die Zarin die zweite Ehe für ihren Sohn mit Sophie Dorothea Prinzessin von Württemberg, die den Namen Maria Fjodorowna annahm. Die aus dieser Verbindung stammenden vier Söhne, neben sechs Töchtern, wurden alle mit deutschen Adeligen verheiratet.

Die deutsch-russischen Eheverbindungen setzten sich bis zum letzten Zaren Nikolai II. fort, der 1894 den Thron bestieg. Er war mit der hessischen Prinzessin Alix von Hessen-Darmstadt verheiratet, die während der Russischen Revolution zusammen mit ihrem Mann und ihren Kindern ermordet wurde.

2 Peter III., Ölgemälde von Lucas Pfanzelt, 1761. Karl Peter Ulrich Herzog von Holstein-Gottorf war der Neffe der Zarin Elisabeth und bestieg 1762 als Peter III. den Zarenthron.

RUSSISCHE HERRSCHERINNEN UND HERRSCHER SEIT PETER I.

1682/89–1725 Peter I.
1741–1762 Elisabeth I. Petrowna
1762–1796 Katharina II.
1796–1801 Paul I.
1801–1825 Alexander I.
1825–1855 Nikolai I.
1855–1881 Alexander II.
1881–1894 Alexander III.
1894–1917 Nikolai II.

3 Maria Fjodorowna, Ölgemälde von Jean Louise Voille, 1790. Sophie Dorothea Prinzessin von Württemberg war als Maria Fjodorowna die zweite Ehefrau Pauls I., mit dem sie zehn Kinder hatte.

4 Paul I., Ölgemälde von Jean Louis Voille, 1797/98. Paul I. war der Sohn Katharinas II. und ihres Geliebten Sergei Saltykow.

1875   1925   1975   **2000**

1871 Deutsche Reichsgründung   **1917** Russische Revolution

1914–1918 Erster Weltkrieg

Adlige Ehefrauen in der Fremde

Welche Spuren die russischen Zarentöchter an deutschen Höfen und die deutschen Adelstöchter am russischen Zarenhof hinterließen, hing von privaten und politischen Umständen ab.

1 Elisabeth Alexejewna, Ölgemälde von Elisabeth Vigee Lebrun, 1798. Prinzessin Louise Marie Auguste von Baden war mit Zar Alexander I. verheiratet und nahm den Namen Elisabeth Alexejewna an. Sie trat politisch nicht in Erscheinung.

2 Alexandra Fjodorowna, Ölgemälde von A. W. Markowski, 1914. Prinzessin Alix von Hessen-Darmstadt war als Alexandra Fjodorowna mit dem letzten Zaren Nikolai II. verheiratet.

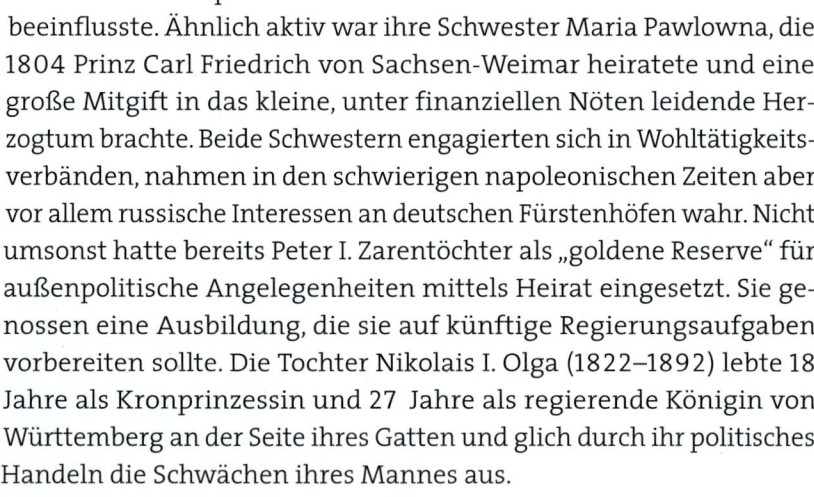

Herrschergattinnen und Politik

Die bedeutendste Deutsche auf dem Zarenthron war ohne Zweifel Katharina II., die Russland 36 Jahre regierte, so lange wie kein anderer Monarch des Landes. Ein anderes Beispiel war die Schwester Alexanders I., die Großfürstin Katharina Pawlowna. Sie nahm 1815 am Wiener Kongress teil und bereitete das Treffen des Zaren Alexander I. mit Fürst Metternich vor. In erster Ehe war sie mit dem Prinzen von Oldenburg verheiratet und in zweiter Ehe mit Wilhelm I. von Württemberg, den sie als Landesfürstin auch politisch beeinflusste. Ähnlich aktiv war ihre Schwester Maria Pawlowna, die 1804 Prinz Carl Friedrich von Sachsen-Weimar heiratete und eine große Mitgift in das kleine, unter finanziellen Nöten leidende Herzogtum brachte. Beide Schwestern engagierten sich in Wohltätigkeitsverbänden, nahmen in den schwierigen napoleonischen Zeiten aber vor allem russische Interessen an deutschen Fürstenhöfen wahr. Nicht umsonst hatte bereits Peter I. Zarentöchter als „goldene Reserve" für außenpolitische Angelegenheiten mittels Heirat eingesetzt. Sie genossen eine Ausbildung, die sie auf künftige Regierungsaufgaben vorbereiten sollte. Die Tochter Nikolais I. Olga (1822–1892) lebte 18 Jahre als Kronprinzessin und 27 Jahre als regierende Königin von Württemberg an der Seite ihres Gatten und glich durch ihr politisches Handeln die Schwächen ihres Mannes aus.

Zwischen Anpassung und Heimweh

Wichtig bei den deutsch-russischen Verbindungen war die Frage nach der Religion. Nur die erste deutsche Prinzessin in Russland, Sophie Charlotte von Braunschweig-Wolfenbüttel, die mit Alexei, dem Sohn

1700	1725	1775	1825

1789 Französische Revolution

1700–1721 Großer Nordischer Krieg

1815 Wiener Kongress

1801–1825 Alexander I.

1682/89–1725 Peter I., „der Große" **1741–1762** Elisabeth I. **1762–1796** Katharina II., „die Große" **1796–1801** Paul I. Nikolai I. **1825–1855**

Peters I., verheiratet war, durfte ihren protestantischen Glauben behalten. Alle folgenden deutschen Adelstöchter mussten zum orthodoxen Glauben übertreten und gleichzeitig einen russischen Namen annehmen. Katharina II. zeigte bewusst Eifer im orthodoxen Glauben, um den politischen Einfluss der russischen Kirche für sich nutzen zu können.

Die deutschen Prinzessinnen waren wegen ihrer Frömmigkeit auch bei den russischen Untertanen beliebt. Nur bei der letzten Zarin Alexandra Fjodorowna, die unter dem Einfluss des Wunderheilers Rasputin stand, schlug diese positive Wahrnehmung ins Gegenteil um. Die russischen Zarentöchter, die nach Deutschland heirateten, durften ihren orthodoxen Glauben ausnahmslos behalten. Für sie wurden orthodoxe Kirchen in der neuen Heimat gebaut.

Oft waren die arrangierten Ehen der aus verschiedenen Ländern stammenden Partner von großen Schwierigkeiten geprägt. Die Prinzessinnen litten im fremden Land unter Einsamkeit, Heimweh, den Hofintrigen und der Untreue ihrer Ehemänner, man nahm zudem wenig Rücksicht auf persönliche Gefühle oder die Charaktere der Partner. Meist entschied die Anpassungsfähigkeit der deutschen und russischen Prinzessinnen über ihr Schicksal.

Doch zumindest die Ehe Nikolais' I., der als dritter Sohn zunächst nicht für die Thronfolge ausersehen war, wurde glücklich. Er lernte seine Frau, die preußische Prinzessin Charlotte von Preußen 1814 ohne politischen Druck auf einem Ball kennen.

3 Nikolai II., Ölgemälde von Heinrich Manizer, 1905. Nikolai II. war der letzte russische Zar und wurde 1918 mit seiner Familie ermordet.

4 Galakleid für festliche Anlässe von Alix von Hessen-Darmstadt (Alexandra Fjodorowna), Brokat, Atlas, Spitze und Goldstickerei, um 1900

1864 Olga Nikolajewna wird Königin von Württemberg

1871 Deutsche Reichsgründung   **1914–1918** Erster Weltkrieg

1881–1894 Alexander III.

1855–1881 Alexander II.   **1894–1917** Nikolai II.

Das Bernsteinzimmer – ein diplomatisches Geschenk

Seit 2003 ist das rekonstruierte Bernsteinzimmer im Katharinen-palast in Zarskoje Selo (heute: Puschkin) zu sehen – das Original bleibt verschollen. Die wechselvolle Geschichte dieser prachtvollen Raum-ausstattung bewegt seit über 300 Jahren die deutsch-russische Geschichte.

1 Bernsteinschatulle, Danzig, Ende 17. Jh. Bernstein, Metall, Holz.
Diese Schatulle für Kostbarkeiten schenkte König Friedrich Wilhelm I. von Preußen 1716 Zar Peter I.

Ein Bernsteinkabinett für den preußischen König

Die Entstehung des berühmten Bernsteinzimmers ist mit dem Aufstieg Preußens vom Herzogtum zum Königreich verknüpft. Seit 1700 arbeitete der Baumeister und Bildhauer Andreas Schlüter (1660–1714) an einem Bernsteinkabinett für den 1701 zum ersten preußischen König gekrönten Friedrich I. Die Idee, Wandverkleidungen aus Bernstein her-zustellen, war völlig neuartig. Weiterhin waren verzierte Bernsteinrahmen für Spiegel vorgesehen.

Aufgebaut als Geschenk für Russland in St. Petersburg

Nach dem Tod Friedrichs I. ließ sein Sohn Friedrich Wilhelm I., der für solche Verschwendung nichts übrig hatte, die Arbeiten einstellen und alle bisher entstandenen Stücke in 18 Kisten verpacken. Sie wurden 1716 als diplomatisches Geschenk an Zar Peter I. versandt. Im Gegenzug erhielt Friedrich Wilhelm I. 55 großwüchsige, russische Grenadiere.
Erst 30 Jahre später, 1746, wurde das Bernsteinkabinett unter Zarin Elisabeth Petrowna vom Hofbaumeister Bartolomeo Francesco Rastrelli (1700–1771) im Winterpalast in St. Petersburg aufgebaut. Im selben Jahr sandte Friedrich II. von Preußen einen vierten noch fehlenden Rahmen aus Bernstein als Geschenk an die Zarin. Ab 1755 wurde das Kabinett wieder abgebaut, weil die Zarin im Katharinenpalast in Zarskoje Selo damit einen Festsaal auskleiden wollte, der aber dreimal so groß war. Rastrelli schuf deshalb eine neue Gesamtkomposi-tion mit vergoldeten Holzschnitzereien und mit „gemaltem" Bernstein dort, wo es an echtem fehlte. Vier Mosaikbilder aus Stein, die symbolisch die fünf Sinne darstellen, kamen als Geschenk der österreichischen Kaiserin Maria Theresia hinzu und wurden in den Raum integriert. Das Bernsteinzimmer wurde erst 1770 fertiggestellt, als bereits Katharina II. auf dem Thron saß. 1865

2 Königsgrenadier Schwerid Redivanoff, Johann Christoph Merck, ca. 1723/26, Öl auf Leinwand, 110 x 274 cm
Schwerid Redivanoff gehörte wegen seiner Körpergröße von ca. 204 cm zu den 250 Russischen Grenadieren, die zeitweise in Preußen dienten.

1690   **1700**   **1720**   **1740**

1703 Gründung Sankt Petersburgs

1688–1713 Kurfürst Friedrich III. (ab **1701** König Friedrich I. in Preußen)   **1713–1740** Friedrich Wilhelm I.

1682/89–1725 Peter I., „der Große"

1700–1721 Großer Nordischer Krieg: Russland löst Schweden als Ostsee-Großmacht ab

1600–1715 Zeitalter des Barock   **1715–1750** Zeitalter des Rokoko

stellte man in das Zentrum des Raumes eine verkleinerte, in Metall gegossene Kopie des Reiterstandbildes Friedrichs II., das der Bildhauer Christian Daniel Rauch (1771–1857) 1851 für Berlin geschaffen hatte.

Die Geburt des Mythos Bernsteinzimmer im Zweiten Weltkrieg

Danach blieb das Bernsteinzimmer bis auf Renovierungsarbeiten unverändert. Die Russische Revolution 1917 und die darauf folgende Nutzung des Palastes als Museum hatten keine Auswirkungen auf das Bernsteinzimmer. Aber in den Wirren des Zweiten Weltkriegs verschwand das Bernsteinzimmer. Seitdem ist sein Verbleib Gegenstand von Mythen und Legenden. Nach der deutschen Besatzung von Puschkin 1941 wurde es abgebaut und in das Königsberger Schloss gebracht, wo es nach Renovierungsarbeiten 1942–1943 zum letzten Mal öffentlich ausgestellt war. 1944 verpackte man es erneut in Kisten, die an einen unbekannten Ort gebracht wurden oder verbrannten. Schon 1946 begann die Sowjetunion die Suche nach dem Bernsteinzimmer, die immer wieder von Spekulationen begleitet wird, doch blieb sie bisher erfolglos.

Die Rekonstruktion des Bernsteinzimmers

1979 verfügte der Ministerrat der UdSSR, eine originalgetreue Kopie des Bernsteinzimmers herzustellen. Dies erforderte eine enorme Forschungsarbeit und die Verwendung von originalem Bernstein der Ostsee. Unerwartete Hilfe für das Projekt brachte eine in den 1990er Jahren vom Katharinenpalast-Museum organisierte Ausstellung mit Stücken aus der eigenen Bernsteinkollektion. Sie wurde in 28 deutschen Städten gezeigt. Deutsche Besucher, die im Besitz von Originalstücken oder von Informationsmaterial zur Besetzung von Puschkin waren, wurden aufgerufen diese dem Museum zu übergeben. Die Bundesrepublik Deutschland beteiligte sich ebenfalls an der Wiederherstellung des Bernsteinzimmers durch die Rückgabe zweier Originalstücke, einer Kommode aus dem 18. Jahrhundert und eines Mosaiks von

Guiseppe Zocchi, das dem „Tast- und Geruchssinn" gewidmet ist. Finanzielle Unterstützung kam 1999 zudem von der deutschen Ruhrgas AG aus Essen, die seit den 1970er Jahren Erdgas aus Sibirien bezog.

BERNSTEIN

Bernstein ist versteinertes Baumharz, das manchmal kleine Einschlüsse von Insekten oder Pflanzen aufweist. Es wird hauptsächlich im Bereich der Ostsee gefunden und seit der Antike zu Schmuck und kleinen Kunstobjekten verarbeitet. Seit dem 16. Jh. besaß Preußen das Monopol auf Bearbeitung und Verkauf von Bernstein.

BARTOLOMEO FRANCESCO RASTRELLI (1700–1771)

Bartolomeo Rastrelli kam 1716 mit seinem Vater, einem Bildhauer, nach Russland. 1730 wurde er zum Hofarchitekten ernannt und prägte unter Zarin Elisabeth Petrowna den Stil des russischen Spätbarocks. Wichtige Bauten sind der Große Palast in Zarskoje Selo und der Winterpalast in St. Petersburg.

3 Zwei Bernsteinrahmen mit je einem florentinischen Mosaikbild mit Darstellung „Hören" und „Schmecken", Bernstein, Halbedelsteine, Holz, 18. Jh.

Eine Staatsaffäre und die Gründung der Eremitage

Im August des Jahres 1764 trafen über 317 Meisterwerke flämischer, holländischer und italienischer Maler in St. Petersburg ein. Sie stammten aus dem Besitz des Berliner Bankiers, Kunsthändlers und Manufakturbesitzers Johann Ernst Gotzkowsky (1710–1775). Im Zuge des Siebenjährigen Krieges wurden sie zum Gegenstand deutsch-russischer Diplomatie und bildeten den Grundstock der Eremitage in St. Petersburg.

Die Affäre Gotzkowsky

Der aus einer verarmten Adelsfamilie stammende Gotzkowsky hatte sich zum Unternehmer und Kunstmakler hochgearbeitet, der gute Beziehungen zum Preußischen Hof pflegte. Im Siebenjährigen Krieg half u. a. sein Verhandlungsgeschick, die russische Belagerung Berlins 1760 durch Kontributionszahlungen – auch von Gotzkowsky – zu beenden. Als Fehlinvestition erwies sich eine zunächst als gewinnbringend erscheinende Spekulation mit russischen Getreidevorräten, die in Polen und Pommern zurückgeblieben waren. Gotzkowsky sagte dafür die spektakuläre Kaufsumme von über 1,1 Mio. holländischen Gulden zu. Schwierigkeiten bei der Ausfuhr führten aber dazu, dass das Getreide verdarb. Zudem wurde Europa im August 1763 von einer Bankenkrise in Amsterdam erschüttert. Gotzkowsky geriet nun dieser widrigen Umstände wegen in eine prekäre Lage: Die russische Seite pochte auf die Auszahlung der Kaufsumme, obwohl sie die Ausfuhr des Getreides behindert hatte.

Daraus entwickelte sich eine preußisch-russische diplomatische Affäre. Friedrich II. von Preußen, der keine Schuld bei Gotzkowsky sah, half diesem zunächst finanziell, indem er für 265 000 Reichstaler dessen Porzellanmanufaktur kaufte. Diese Königliche Porzellanmanufaktur Berlin (KPM) existiert noch heute als ältestes Unternehmen Berlins. Die diplomatische Situation verkomplizierte sich durch den Tod des sächsischen Kurfürsten und polnischen Königs August III. 1763. Nun galt es, preußische Interessen in Polen zu wahren und dafür die russische Unterstützung zu sichern.

Die Affäre Gotzkowsky musste also vom Tisch. Daher bot Gotzkowsky dem russischen Gesandten in Berlin, Fürst Dolgorukow, an, als eine Art Ausgleichszahlung seine Gemäldesammlung im Wert von 316 650 holländischen Gulden zu übereignen.

Friedrich II. unterstützte diesen Verkauf und befreite Gotzkowsky von den Zollgebühren. Mit dem Verkauf der Sammlung an Katharina II. waren die Schulden Gotzkowskys in Russland getilgt und der diplomatische Friede hergestellt.

1 Porträt einer älteren Frau, Ölgemälde von Nicolas Neufchatel, 1562.
Das Gemälde gehörte ursprünglich zur Sammlung Gotzkowsky.

1690   1700   1720   1740

1703 Gründung Sankt Petersburgs

Personalunion Sachsens mit Polen **1697–1763**

1682/89–1725 Peter I., „der Große"

1600–1715 Zeitalter des Barock   **1715–1750** Zeitalter des Rokoko

2 Attacke, Ölgemälde von Joseph Parrocel, 1692–95.
Das Gemälde gehörte zur Sammlung des 1763 verstorbenen Grafen Heinrich von Brühl.

Sammelleidenschaft der Zarin

Katharina II. hatte mit der Sammlung Gotzkowsky nicht nur den „Grundstein" für die Eremitage gelegt, sondern auch Preußen gegenüber ihre Macht demonstriert. Nun erwachte die Sammelleidenschaft der Zarin. Als nächstes erwarb sie Teile der Sammlung des 1763 verstorbenen Grafen Heinrich von Brühl, dem ein kometenhafter Aufstieg vom Pagen zum Premierminister des sächsischen Kurfürsten Friedrich August II. gelungen war. In dieser Position stand ihm die sächsische Staatskasse auch für den Aufbau einer eigenen privaten Kunstsammlung offen. Dennoch häufte er hohe Schulden an, die seine Söhne zum Verkauf der Gemälde zwangen. 1768 erwarb der russische Gesandte in Dresden, Fürst Beloselski, die Sammlung im Namen der Zarin für 105 000 Taler. 450 Gemälde, überwiegend von flämischen und holländischen Künstlern, kamen so in den Bestand der Eremitage.

Die Sammelleidenschaft der Zarin nutzte Preußen auch bei anderer Gelegenheit: 1770 reiste der Bruder Friedrichs II., Prinz Heinrich von Preußen, nach St. Petersburg zu Katharina II. Ziel der Reise waren die Beendigung des Russisch-türkischen Krieges, der Friedrich II. eine neue militärische Auseinandersetzung mit Österreich fürchten ließ, und die Sicherung von Besitzungen bei der geplanten Teilung Polens. Im Gepäck hatte er Gemälde aus der ehemaligen Sammlung Gotzkowsky als diplomatische Geschenke. Die Zarin war begeistert und die Verhandlungen verliefen im Sinne Preußens.

3 Junger Soldat, Ölgemälde von Frans Hals d. J., Mitte 17. Jh.
Das Gemälde gehörte ursprünglich zur Sammlung des Grafen von Brühl.

1760   1780   1800

Gründung der Eremitage **1764**   **1772** Erste Teilung Polens

1740–1786 Friedrich II., „der Große"

1733–1763 Friedrich August II. Kurfürst von Sachen (als August III. König von Polen)

1741–1762 Elisabeth I. Petrowna   **1762–1796** Katharina II., „die Große"

1756–1763 Siebenjähriger Krieg   **1768–1774** Russisch-türkischer Krieg

Deutsche Akademiker in Russland

Peter I. war der erste russische Herrscher, der sein Land zum Westen hin öffnete und umfassende Reformen durchsetzte. Er zentralisierte die Verwaltung, beschnitt die Autonomie der Kirche und modernisierte Militär und Wirtschaft. Peter I. erkannte die großen Mängel im russischen Bildungswesen. Er schickte russische Untertanen zum Studium ins Ausland, aber noch wichtiger war ihm die Gründung eigener Bildungsinstitutionen. Dafür brauchte Russland ausländische Akademiker. Da zu dieser Zeit an deutschen Universitäten eine Akademikerschwemme herrschte, war die Bereitschaft der jungen Hochschulabsolventen, ins Ausland zu gehen, durchaus groß. Zunächst waren es vor allem protestantische Akademiker, die in Halle, Leipzig, Jena und Wittenberg studiert hatten. Später erlangten Tübingen und die 1734 gegründete Universität Göttingen Bedeutung beim deutsch-russischen Gelehrtentransfer.

1 Zar Peter I., Ölgemälde von Andrei Matwejew nach dem Original von Karl de Moor

Die russische Akademie der Wissenschaften

Mit der Gründung der Akademie der Wissenschaften in St. Petersburg schuf Peter I. eine erste akademische Institution in Russland. Er selbst erlebte die Eröffnung 1725 nicht mehr. Der hannoversche Professor und Universalgelehrte Gottfried Wilhelm Leibniz war mit der Konzeption der Lehre beauftragt worden und fungierte als Berater. Um die Realisierung des Projekts kümmerte sich auch dessen Schüler Christian Wolff, der zum Ehrenmitglied der Akademie ernannt wurde. Unter den ersten 13 Akademiemitgliedern befanden sich neun Deutsche; insgesamt kamen im 18. Jahrhundert 75 der 100 Akademiemitglieder aus dem Ausland.

Um Gelehrte aus dem Ausland zu gewinnen, zahlte die Akademie ein gutes Gehalt. Zusätzlich übernahm sie die Reisekosten, die Kosten für Unterkunft,

AKADEMIE DER WISSENSCHAFTEN
Sie wurde 1724 durch einen Erlass Peters I. gegründet und Ende 1725 offiziell eröffnet. Die Aufgabe der Akademie war die geografische, naturwissenschaftliche und völkerkundliche Erforschung Russlands. Zunehmend wichtig wurde die Sprachforschung, die Herausgabe von Wörterbüchern und wissenschaftlichen Publikationen.

1675	1700	1725	1750	1775

Gründung der Akademie der Wissenschaften Berlin **1700**

Gründung der Universität Göttingen **1734**

1755 Gründung der ersten russischen Universität in Moskau

Gründung der Akademie der Wissenschaften Sankt Petersburg **1725**

Neunbändige „Sammlung russischer Geschichte" von Gerhard Friedrich Müller **1732/1764**

Siebenjähriger Krieg **1756–1763**

1682/89–1725 Peter I., „der Große"

1741–1762 Elisabeth I. Petrowna

Holz und Kerzen. Sie garantierte den Gelehrten, jüngere Kollegen oder Studenten nachzuholen. Russische Sprachkenntnisse wurden von den Akademikern nicht unbedingt erwartet, denn wissenschaftliche Publikationen erschienen damals in lateinischer oder deutscher Sprache, später auch auf Französisch. Kurze Zusammenfassungen wurden auf Russisch publiziert.

Gelehrt wurden Mathematik, Physik und humanistische Fächer. Letztere boten auch Anlass zu fachlichen Kontroversen. Die Historiker Gottlieb Siegfried Bayer (1694–1738) und Gerhard Friedrich Müller (1705–1783) stießen mit ihrer These, die Kiewer Rus seien skandinavischen Ursprungs, auf scharfe Kritik. Der russische Kollege Michail Lomonossow hob deren slawischen Ursprung hervor. Hier spielten aber weniger wissenschaftliche Argumente eine Rolle, vielmehr ging es um das nationale Selbstverständnis des russischen Volkes und seiner Herkunft.

Die Gründung der Universität Moskau

Auf Empfehlung von Leibniz und Wolff wurde 1755 in Moskau die erste eigenständige Universität Russlands nach dem Vorbild deutscher protestantischer Hochschulen gegründet. An deren Organisation war der Wolff-Schüler Michail Lomonossow maßgeblich beteiligt. Die neu gegründeten russischen Bildungseinrichtungen begannen nun, untereinander um ausländische Lehrkräfte zu konkurrieren. Vor dem Einstieg in die akademische Laufbahn waren die Ausländer zunächst oft als Hauslehrer tätig. Sie vermittelten in den russischen Familien Kenntnisse in den wichtig gewordenen Fremdsprachen, denn die Vorlesungen an der Universität wurden auf Französisch, Latein und Deutsch gehalten. Der ehemalige Hauslehrer und spätere Rektor der Moskauer Universität Bernhard Andreas Heym verfasste gleich mehrere Wörterbücher.

Der deutsch-russische Austausch beförderte das Wissen über die jeweils andere Kultur: Rückkehrer nach Deutschland berichteten über ihre Erfahrungen, andere verfassten Beschreibungen Russlands. Vor allem August Ludwig von Schlözer (1735–1809), der wiederholt zwischen der Universität Göttingen und der Akademie St. Petersburg pendelte, erweiterte durch Vorträge und Veröffentlichungen den Kenntnisstand über die russische Geschichte und Ethnografie in den deutschen Ländern. Briefwechsel zwischen Akademikern und die Übersetzungen wissenschaftlicher Werke trugen zusätzlich dazu bei, die Kenntnisse übereinander zu verbessern.

GOTTFRIED WILHELM LEIBNIZ (1646–1716)

Der in Leipzig geborene Leibniz gilt als Universalgelehrter. Er erwarb mit 20 Jahren den Doktortitel.
Nach einem vierjährigen Aufenthalt in Paris wurde er 1767 Bibliothekar und Berater der Kurfürsten von Hannover. Seine Schriften befassen sich vor allem mit Staatsrecht, Geschichte und Philosophie.
1700 regte er die Gründung der Berliner Akademie der Wissenschaften an.

2 Christan Wolff, Porträtstich von Robert Daudet d. Ä.

1789 Französische Revolution

1799–1815 Herrschaft Napoleons

1762–1796 Katharina II., „die Große"

Russische Forschungsreisen mit deutscher Beteiligung

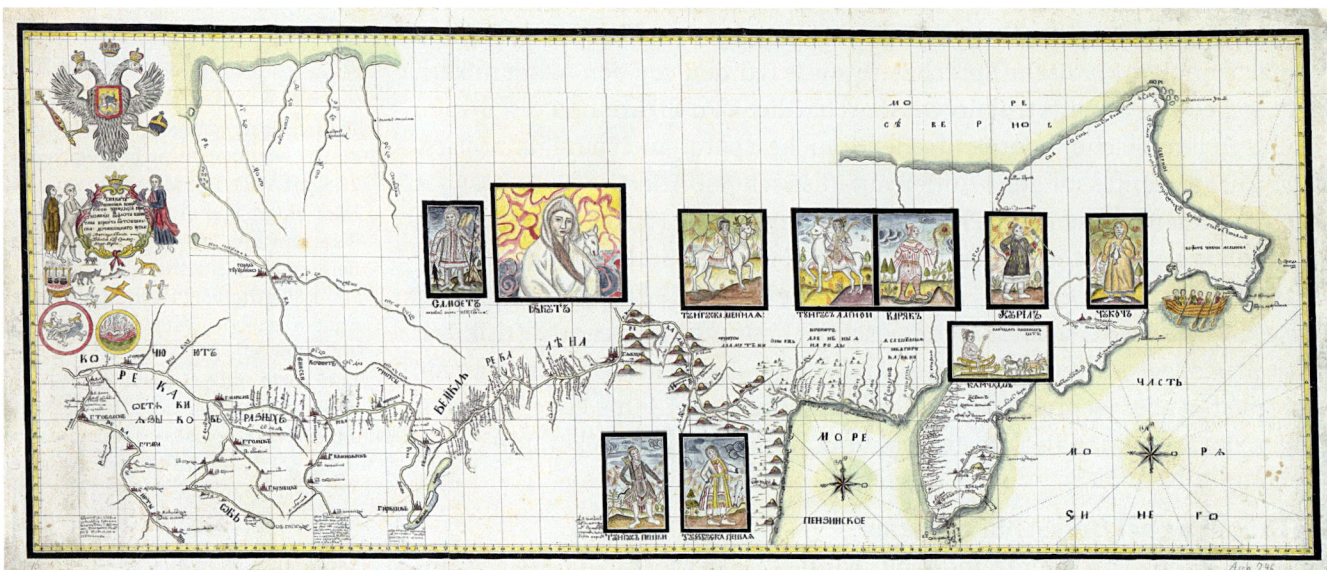

1 Zeitgenössische Karte des Reiseweges der ersten Kamtschatka-Expedition mit ethnografischen Darstellungen, gezeichnet von Peter Tschaplin, 1729

SIBIRIEN

Die Bezeichnung Sibirien leitet sich von einem kleinen tatarischen Khanat ab und wurde von den Russen für das Gebiet vom Ural bis an den Pazifik eingeführt. Diese riesige Landfläche ist aufgrund des extremen Klimas nur gering bevölkert, aber wegen ihrer Bodenschätze von enormer ökonomischer und politisch-strategischer Bedeutung. Seit Mitte des 16. Jh. begann die Erschließung Sibiriens, 1679 war Kamtschatka erreicht. Ab 1727 wird Sibirien Deportationskolonie für Verbrecher und politische Gefangene.

Peter I. förderte neben der Gründung von Bildungseinrichtungen auch die Erforschung unbekannter Gebiete Sibiriens und neuer Seewege. Von diesen kostspieligen Expeditionen, deren Ergebnisse strengster Geheimhaltung unterlagen, erhoffte man sich vor allem wirtschaftlichen Nutzen.

Die erste Sibirien-Expedition

Oft waren Deutsche an diesen Unternehmungen beteiligt. Der Danziger Arzt Daniel Gottlieb Messerschmidt (1685–1735) führte die erste Forschungsreise nach Sibirien im Auftrag Peters I. durch. Sie begann 1720 und dauerte sieben Jahre. Nach seiner Rückkehr musste er seine gesamten Materialien und Manuskripte an die Kunstkammer der Akademie St. Petersburg abliefern und durfte sie nicht selbst auswerten. Messerschmidt starb 1735 verbittert in St. Petersburg. Seine Materialien dienten künftigen Forschern aber als wichtige Quellen.

Die Kamtschatka-Expeditionen 1728 und 1733–1743

Von großem handelspolitischem Interesse war die Erforschung des nordostpazifischen Gebiets. Daher sollte der dänische Kapitän Vitus Bering (1681–1741) im Auftrag Peter I. feststellen, ob es eine Landverbindung zwischen Amerika und Asien gibt. Diese Kamtschatka-Expedition von 1728 konnte ihren Erfolg, die Entdeckung der Durchfahrt zwischen Asien und Amerika, selbst nicht erkennen. Das Schiff fuhr durch die später nach Bering benannte Meerenge, wegen dichten Nebels konnte die Besatzung die nur wenige Kilometer ent-

1675   1700   1725   1750   1775

Kamtschatka-Expedition (Bering) **1728**   **1741** Bering erreicht Alaska auf dem Seeweg

1733–1743 Große Nordische (Kamtschatka) Expedition

Gründung der Akademie der Wissenschaften St. Petersburg **1725**

Erste Forschungsreise nach Sibirien (Messerschmidt) **1720–1727**   Akademie-Expedition (Pallas) **1768–1774**

1682/89–1725 Peter I., „der Große"   **1741–1762** Elisabeth I. Petrowna

fernte Küste Amerikas aber nicht sehen. Nach einem zweiten erfolglosen Versuch kehrte Bering 1730 nach St. Petersburg zurück.

Bering schlug eine weitere Expedition von Kamtschatka nach Osten vor, um den Seeweg nach Amerika und Japan zu erkunden und die dortigen Küsten zu kartografieren. Diese als Große Nordische, zweite Kamtschatka- oder zweite Beringexpedition bekannte Forschungsreise dauerte von 1733 bis 1743. Zwei deutsche Professoren nahmen daran teil: der Chemiker und Naturwissenschaftler Johann Georg Gmelin (1709–1755) und der Historiker Gerhard Friedrich Müller (1705–1783). Sie sollten geografische, historische, ethnologische und naturwissenschaftliche Studien durchführen. Ihre wissenschaftlichen Instrumente und die Bibliothek füllten 62 Kutschen und Fuhrwerke. Gmelin und Müller legten 33 500 Kilometer zurück. Sie waren die ersten Forscher nach Messerschmidt, die Sibirien bereisten.

Bering konnte erst im Mai 1741 von Kamtschatka aus mit zwei Schiffen wieder lossegeln, um die Nordostpassage nach Amerika zu suchen. An Bord war auch der deutsche Arzt und Naturforscher Georg Wilhelm Steller, eigentlich Stöller (1709–1746). Die beiden Schiffe wurden bei einem Sturm voneinander getrennt. Berings Schiff erreichte im Juli 1741 endlich Alaska. Es blieb aber kaum Zeit, um an Land zu gehen und mit den dortigen Einwohnern Kontakt aufzunehmen. Nach einem Schiffbruch auf der Rückfahrt rettete sich die Mannschaft auf eine Insel, auf der Bering starb. Sie wurde später nach ihm benannt. Steller entdeckte dort eine Seekuhart, die bis heute seinen Namen trägt, aber bereits 25 Jahre später ausgerottet war.

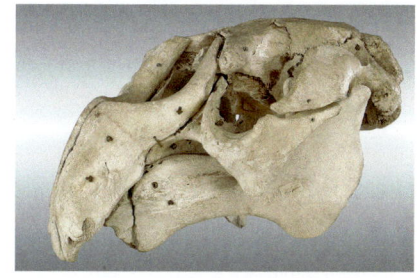

2 Schädel einer Stellerschen Seekuh, Präparat 70 x 35 x 40 cm, Gewicht 15 kg

Auch Steller starb auf der Rückreise von Kamtschatka nach St. Petersburg. Gmelin und Müller erforschten auf sicherem Boden vor allem die Lebensweise der Ureinwohner Sibiriens. Sie studierten deren Sprache und deren Religion, den Schamanismus. Gmelin untersuchte die sibirische Flora, das sibirische Klima und beschrieb als Erster das Phänomen des Permafrostbodens. Seine Reisebeschreibung wurde später ein Publikumserfolg.

Die Akademie-Expedition 1768–1774

Von 1768 bis 1774 fand die sogenannte Akademie-Expedition statt, an der mehrere deutsche Wissenschaftler beteiligt waren, u. a. der Universalgelehrte Peter Simon Pallas (1741–1811). Sie sollte weitere Erkenntnisse über den asiatischen Teil Russlands bringen. Anders als bei früheren Reisen verfügte Katharina II. eine rasche Veröffentlichung der Forschungsergebnisse, die vor allem Pallas und Johann Gottlieb Georgi (1729–1802) besorgten.

3 G. Geißler zeichnet ein tatarisches Mädchen, G. Geißler, 1793–94, Aquarell, Gouache (Ausschnitt)

1775   1800   1825   1850   **1875**

1789 Französische Revolution

1776 Unabhängigkeitserklärung der Vereinigten Staaten von Amerika

1867 Russland verkauft Alaska für 7,2 Mio. Dollar an die USA

1762–1796 Katharina II., „die Große"

Völkervielfalt: die Sammlung Pallas

Der Naturforscher und Geograf Peter Simon Pallas (1741–1811) wurde durch seine Expeditionen in Russland in der zweiten Hälfte des 18. Jahrhunderts berühmt. Er stammte aus Berlin, wo sein Vater Simon Pallas (1694–1770) Professor für Anatomie und leitender Chirurg am medizinisch-chirurgischen Kollegium, der heutigen Charité, war. Zwar absolvierte Peter Simon Pallas zunächst ebenfalls ein Medizinstudium in Berlin, Halle und Göttingen, das er an der Universität Leiden in den Niederlanden abschloss. Sein eigentliches Interesse galt jedoch den Naturwissenschaften. Bereits mit 26 Jahren erlangte er den Doktorgrad und Professorentitel, als er nach zoologischen Studien eine neue Systematik zur Klassifizierung von Tierarten vorgelegt hatte.

Er hatte aber keine Anstellung für seine wissenschaftliche Tätigkeit. Die Russische Akademie der Wissenschaften hingegen brauchte dringend Personal, sodass Pallas 1767 dort eine Position im Rang eines Adjutanten annahm. Seine Aufgabe war es, die Sammlungen der Fauna und Anatomie der Kunstkammer Peters I. zu ordnen, die hauptsächlich naturwissenschaftliche Präparate enthielt und das erste staatliche Museum Russlands war.

1 Peter Simon Pallas, Porträtstich nach einer Zeichnung von G. Geißler.

BASCHKIREN

Seit dem 10. Jahrhundert in den historischen Quellen als nomadische Viehzüchter mit finno-ugrischen Wurzeln im Raum zwischen Wolga, Kama und dem Ural ansässig, wurde das Volk im 13. Jahrhundert von den Tataren unterworfen und islamisiert. Im 16. Jahrhundert gerieten die inzwischen turksprachigen Baschkiren unter russische Herrschaft. Heute leben die meisten als Angehörige der zweitgrößten muslimischen Minderheit Russlands in der Autonomen Republik Baschkortostan.

2 Baschkirisches Hemd. Leinen, Seide, Stickereien, 18. Jh.

Pallas' große Expedition 1768–1774

Von 1768 bis 1774 fand eine Expedition unter Schirmherrschaft Katharinas II. statt, deren Ziel es war, die Bestände der Kunstkammer zu ergänzen. Organisiert wurde die Reise von der Akademie der Wissenschaften. Es gab mehrere Gruppen, von denen eine Peter Simon Pallas leitete. Die Reise dauerte sechs Jahre und führte ins Wolgagebiet, das Gebiet von Orenburg, das Uralvorland und in Bereiche Sibiriens. Den ersten Winter verbrachte die Gruppe von Pallas in Simbirsk, den zweiten in Ufa. Dort fertigte Pallas den ersten Teil seiner Reisebeschreibung an, der bereits 1771 in St. Petersburg veröffentlicht

1675 — **1700** — **1725** — **1750** — **1775**

Eröffnung der Kunstkammer durch Peter I. **1724**

1741 Bering erreicht Alaska auf dem Seeweg

Kamtschatka-Expedition (Bering) **1728**

Akademie-Expedition (Pallas) **1768–1774**

Pallas veröffentlicht den ersten Teil seiner Reisebeschreibungen **1771**

Erste Forschungsreise nach Sibirien (Messerschmidt) **1720–1727**

1733–1743 Große Nordische (Kamtschatka) Expedition

1682/89–1725 Peter I., „der Große"

1741–1762 Elisabeth I. Petrowna

3 Baschkirische Kappe. Leinen, Perlen, Silbermünzen, 27 x 10 cm

wurde. Insgesamt legte die Gruppe von Pallas eine Strecke von 29 085 km zurück und sammelte so viel Material, dass Pallas 20 Jahre brauchte, um es wissenschaftlich auszuwerten.

Eine ethnografische Fundgrube

In seinem Reisetagebuch beschreibt er detailliert die Lebensweise und Bräuche der Völker, u. a. der Orenburger und Uraler Kosaken. Die Sammlung von Kleidung und Schmuck der Mordwinen, Tschuwaschen, Baschkiren, Mari und anderer Völker des Wolgagebiets vermittelt ein lebendiges Bild früherer Zeit. So war die Festtagskleidung der mordwinischen Frauen so schwer wie ein Pferdegeschirr. Die Zöpfe der Frauen wurden zum Teil mit Hilfe schwarzer Schafswolle verlängert und verdickt, so dass sie bis zu den Fersen reichten. Der Schmuck der baschkirischen Frauen bestand aus Korallen, Muscheln, Perlen, Münzen und wurde ausschließlich von ihnen selbst hergestellt. Die Kopfbedeckung verheirateter Frauen in Form eines Helmes war besonders reich verziert.

Die ethnografische Sammlung, auch als Sammlung Pallas bezeichnet, kam zunächst in die Kunstkammer Peters I. und wurde später dem Museum für Anthropologie und Ethnologie „Peter der Große" der Akademie der Wissenschaften der UdSSR angegliedert. Sie ist noch heute von grundlegender Bedeutung für die russische Ethnografie, die die Lebensweise der unterschiedlichen Völker untersucht.

KUNSTKAMMER

Kunstkammern wurden von vielen Fürsten in ganz Europa seit der Renaissance angelegt.
Sie enthielten zunächst eine bunte Mischung aus naturwissenschaftlichen Präparaten wie ausgestopfte Tiere, Muscheln, Edelsteine, Arzneien, aber auch Münzen, antike Funde und Kunstgegenstände. Im 18. Jh. begann man sie zu ordnen, sodass sie den Grundstock der heutigen wissenschaftlichen Museumssammlungen bilden.

1775 1800 1825 1850 **1875**

1789 Französische Revolution

1776 Unabhängigkeitserklärung der Vereinigten Staaten von Amerika

1762–1796 Katharina II., „die Große"

Russische Studenten an deutschen Universitäten

Bereits vor der Gründung der ersten russischen Universität 1755 in Moskau gab es eine kleine Zahl russischer Studenten. Sie mussten ins Ausland gehen und entsprechende Sprachkenntnisse mitbringen, um ein Studium zu absolvieren.

Der Beginn unter Zar Peter I.

Für den prowestlichen Zar Peter I. waren vor allem praktische Studiengänge im Zusammenhang mit militärischem Nutzen und der Seefahrt von Bedeutung. Deshalb schickte er seine Untertanen hauptsächlich auf holländische Schulen. An deutschen Universitäten gab es zu Peters Regierungszeit 53 russische Studenten. Beliebt waren vor allem die Universitäten von Königsberg, Leipzig und Halle.

Nach dem Tod Peters I. sank zwar die Zahl der Studierenden in Deutschland insgesamt, dafür verteilten sie sich zusätzlich auf die Universitäten von Jena, Rostock, Frankfurt/Oder, Tübingen und Kiel. Eine erste offizielle Entsendung fand 1736 statt. Die Akademie der Wissenschaften von St. Petersburg schickte drei Studenten an die Universität Marburg. Darunter befand sich der spätere Universalgelehrte Michail W. Lomonossow, der so die Gelegenheit bekam, bei Christian Wolff zu studieren. Wolff hatte zu den Gründungsvätern der St. Petersburger Akademie gehört. Häufig waren die russischen Absolventen europäischer Hochschulen später selbst an der St. Petersburger Akademie als Lehrende tätig.

1   Diplom der mineralogischen Gesellschaft des Herzogtums Sachsen-Weimar-Eisenach, für den russischen Studenten Kajsar aus Moskau, April 1808

1675   1700   1725   1750   1775

1700 Gründung der Akademie der Wissenschaften Berlin   **1755** Gründung der ersten russischen Universität in Moskau

Gründung der Akademie der Wissenschaften Sankt Petersburg **1725**

1716 Entsendung russischer Untertanen zum Deutsch-Studium nach Königsberg

1734 Gründung der Universität Göttingen

1682/89–1725 Peter I., „der Große"   Siebenjähriger Krieg **1756–1763**

2 Michail W. Lomonossow als Student der Universität Marburg, Ölgemälde eines unbekannten Malers, Ende 18. Jh.

Aufschwung unter Katharina II.

Wegen der Teilnahme Russlands als Gegner Preußens am Siebenjährigen Krieg (1756–1763) hörten die akademischen Aufenthalte in Deutschland zwischenzeitlich auf. Sie erreichten danach während der Regierungszeit Katharinas II. (1762–1796) mit etwa 350 russischen Absolventen an deutschen Universitäten einen Höhepunkt. Zunächst schickten Regierung und oberste Kirchenführung gezielt junge, meist adlige Männer zum Auslandsstudium, um sie später in entsprechenden Positionen einzusetzen. Zum Ende von Katharinas Herrschaft ging die Initiative dann direkt von den adligen Familien aus. Sie interessierten sich zunehmend für den fortschrittlichen, aufgeklärten Unterricht deutscher Hochschulen, obwohl dieser für den späteren Staatsdienst in Russland zum Hemmnis werden konnte.

Göttingen als herausragende Bildungsstätte

Besondere Bedeutung hatte dabei die 1734 gegründete Göttinger Universität mit ihrer herausragenden Professorenschaft. Der Universalgelehrte August Ludwig von Schlözer lehrte sowohl an der Akademie der Wissenschaften in St. Petersburg als auch in Göttingen. Pawel Grigorjewitsch Demidow, einer der ersten russischen Studenten in Göttingen, wurde später ein wichtiger Förderer des russischen Hochschulwesens. An der Straßburger Universität war es Professor Johann Daniel Schöpflin, der den Kontakt zur Petersburger Akademie herstellte. Daneben verzeichneten Leipzig und Königsberg bedeutende Studentenzahlen aus Russland. Erst Französische Revolution und Napoleonische Kriege unterbrachen die Möglichkeit des Auslandsstudiums. Die Furcht vor revolutionärem Gedankengut mag mit dazu beigetragen haben, dass Paul I. 1798 das Studium außerhalb Russlands per Erlass sogar untersagte.

Nach 1800 erneuerten sich die Kontakte besonders zu Göttingen wieder. Aufgrund von Hochschulneugründungen in Russland stieg der Bedarf an akademischem Lehrpersonal, das man in Göttingen ausbilden ließ. Zum anderen verbesserten sich die Studienbedingungen in Russland selbst, sodass man statt eines kompletten Studiums z. T. nur eine akademische Reise ins Ausland unternahm. Unter Zar Nikolai I. belebte sich die Tradition wieder, wobei die 1810 gegründete Berliner Universität ab 1830 russische Studenten in großer Zahl anzog und Göttingen den Rang ablief. Erneut unterbrach eine Revolution, diesmal die von 1848, den studentischen Austausch für einige Zeit, der dann bis zum Beginn des Ersten Weltkriegs weiterging.

**MICHAIL WASSILJEWITSCH LOMONOS-
SOW (1711–1765)**

Er stammte als Sohn eines Staatsbauern und Fischers aus einfachen Verhältnissen. Nach naturwissenschaftlichen Studien in deutschen Städten wurde er 1745 Professor für Chemie an der Akademie der Wissenschaften in St. Petersburg. Lomonossow gilt als Universalgelehrter und Mitbegründer der russischen Philosophie. Er war an den Reformen im russischen Bildungswesen und der Gründung der Moskauer Universität 1755 beteiligt.

3 Jacob Grimms Antrittsvorlesung in Göttingen am 18. Mai 1830.

1775   1800   1825   1850   **1875**

1798 Verbot des Auslandsstudiums durch Paul I.

1810 Gründung der Universität Berlin

1762–1796 Katharina II.   **1796–1801** Paul I.   **1819** Petersburger Pädagogisches Institut wird Volluniversität

1799–1815 Herrschaft Napoleons

Nemcy – Fremde, Deutsche, Freunde, Feinde

1 Auswandererschiff Lübeck-Oranien-baum, Holzstich, zweite Hälfte 19. Jh.

PEUPLIERUNGSPOLITIK

Das gezielte Ansiedeln von Menschen durch einen Landesfürsten. Peuplierungspolitik gab es nicht nur in Russland. Nach Ende des Dreißigjährigen Kriegs 1648 waren Teile Europas durch den Krieg und die Pest entvölkert. Friedrich Wilhelm I. von Preußen warb nach 1685 aus Frankreich vertriebene Hugenotten an. Protestanten unterschiedlicher Richtung waren für ihre Glaubensfreiheit oft bereit, in ein fremdes Land zu gehen.

2 Erdhütten, historische Fotografie. Ab 1871 zogen deutsche Kolonisten nach Wolhynien, wo sie zunächst in Erd- und Strohhütten lebten.

Deutsche und andere Westeuropäer waren als Händler und Handwerker seit dem 13. Jahrhundert in Nowgorod ansässig und um 1500 begannen die Moskauer Herrscher, gezielt Spezialisten anzuwerben, um ihre Wirtschaft und das Militär auf einen modernen Stand zu bringen. Die Zuwanderung von hochqualifizierten Fachleuten aller Richtungen hielt in Russland bis weit ins 19. Jahrhundert an und konzentrierte sich später auf die neue Hauptstadt Sankt Petersburg. Von Bedeutung dabei war auch, dass mit den Eroberungen Peters I. im Baltikum viele Deutsche russische Untertanen wurden.

Immigration

Den größten Zuwachs an Deutschstämmigen im Russischen Reich erbrachte die „Peuplierungspolitik" Katharinas II. und ihrer Nachfolger, die in der zweiten Hälfte des 18. Jahrhunderts mit großen Versprechungen zahlreiche Siedler aus den deutschen Ländern zur Kolonisierung der menschenleeren Steppen an der unteren Wolga und in die neu vom Osmanischen Reich eroberten Gebiete am Schwarzen Meer lockte.

Nach der Volkszählung von 1897 lebten 1,8 Millionen Deutsche im Russischen Reich. Davon entfielen 1,4 Millionen auf die in 2 000 über das ganze Land verteilten Dörfern siedelnden Kolonisten. Der Rest verteilte sich auf die Städte, wobei St. Petersburg und Moskau den größten Anteil hatten.

Integration und Assimilierung

Im urbanen Umfeld lebten die deutschen Zuwanderer inmitten der russischen Gesellschaft. Dies trug zur Integration bei und führte langfristig zur kulturellen Assimilierung. Viele Zuwanderer wurden Untertanen der Zaren, aber wer Deutscher bleiben wollte, konnte bis zum Ausbruch des Ersten Weltkrieges ungehindert seinen Geschäften nachgehen. Der Deutsche Klub in Moskau nahm im 19. Jahrhundert die russische Literatur ebenso begeistert auf, wie auf der anderen Seite die russischen gebildeten Kreise die deutschen Klassiker. Deutsche Unternehmer und Kaufleute gründeten Geschäfte und Produktionsbetriebe. Große Firmen wie Siemens & Halske trugen mit Filialen und Tochterunternehmen zur Industrialisierung des Zarenreiches bei.

Anders als in den Städten lebten die Kolonisten seit dem 18. Jahrhundert weitgehend isoliert von den russischen Nachbarn in geschlossenen Siedlungen. Durch ihre Privilegien, die Konfession und die Sprache konnten sie einerseits ihre Sitten und Gebräuche bewahren, andererseits wurden sie aber nicht in die russische Gesellschaft integriert.

Neid auf die wirtschaftlich besser gestellten „Deutschen" sowohl in den Städten als auch auf dem Land und die durch die panslawistischen Ideen genährte

| 1700 | 1725 | 1775 | 1825 |

1762/1763 Aufrufe Katharinas II. in deutschen Ländern zur Besiedlung der mittleren Wolgagebiete

1768–1774 Russisch-türkischer Krieg

1789 Aufruf Katharinas II. zur Besiedlung der Schwarzmeergebiete

1762–1796 Katharina II.

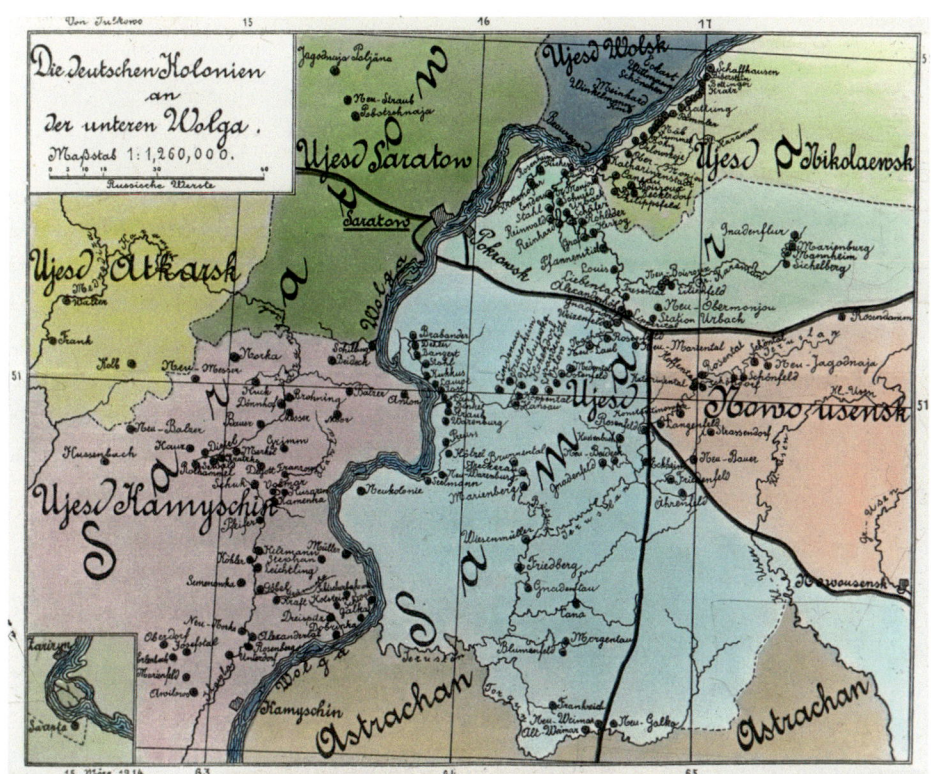

3 Wolgagebiet, historische Karte, 15. März 1914

4 Katharinenstadt, historische Postkarte

Furcht russischer Nationalisten vor einer „Germanisierung" verstärkten die antideutsche Stimmung im Zarenreich. Ab 1871 sollten die Kolonisten „russifiziert" werden. Privilegien, etwa die Befreiung vom Kriegsdienst, wurden abgeschafft. Im Kriegsjahr 1915 führten antideutsche Kampagnen zu Ausschreitungen und Plünderungen deutscher Geschäfte in Moskau. 1920 gab es in Moskau nur noch 6 000 von ursprünglich 30 000 Deutschen.

Deportation und Exodus

Die Katastrophe brach mit dem Überfall der Wehrmacht auf die Sowjetunion im Juni 1941 über die Russlanddeutschen herein. Am 28. August 1941 wurden binnen weniger Wochen 1,2 Millionen Menschen unter dem pauschalen Vorwurf der Kollaboration enteignet und in die Gebiete hinter dem Ural deportiert. Ihre Rehabilitierung erfolgte erst 1964 durch ein Dekret des Obersten Sowjets, das aber hinsichtlich einer Wiedergutmachung wirkungslos blieb.

Als Folge von Glasnost und Perestroika sind, bis auf etwa 500 000, die meisten Russlanddeutschen in die Heimat ihrer Ahnen zurückgekehrt. In Sibirien und Kasachstan hatten sie als „Deutsche" mit Vorurteilen zu kämpfen, in Deutschland dagegen wurden die Spätaussiedler anfänglich als „Russen" wahrgenommen, wenn sie mit Akzent Deutsch oder untereinander Russisch sprachen. Der Integrations- und Assimilierungsprozess schreitet fort, wobei die aus der alten Heimat im Osten mitgebrachten Fähigkeiten und Tugenden eine Bereicherung der deutschen Kultur sein werden.

5 Helmut Kohl und Michail Gorbatschow bei der Unterzeichnung der sogenannten gemeinsamen Erklärung zwischen der BRD und der Sowjetunion am 13. Juni 1989 in Bonn

1875	1925	1975	**2000**

1871 Abschaffung der Privilegien für deutsche Siedler in Russland

1871 Gründung des Deutschen Reichs

1917 Russische Revolution

1919–1933 Weimarer Republik

1914–1918 Erster Weltkrieg

1939–1945 Zweiter Weltkrieg

1949 Gründung der Bundesrepublik Deutschland (BRD) und der Deutschen Demokratischen Republik (DDR)

Friedliche Revolution in der DDR und Wiedervereinigung **1989/90**

Auflösung der Sowjetunion **1991**

Deutsche Siedler in Russland

1 Karte der deutschen Kolonien an der Wolga, 1777

In Russland gab es riesige unbesiedelte Gebiete, z. B. die Wolgasteppen, Sibirien und Kasachstan. Um diese Gebiete zu erschließen, warben Katharina II. und Alexander I. um Einwanderer. Deutsche Kolonisten folgten diesem Ruf aus wirtschaftlichen, politischen oder religiösen Gründen, oft als ganze Dorfgemeinschaften.

Katharina II. belohnte 1762 und 1763 Neusiedler in den Wolgagebieten mit 30 bis 40 Hektar Land, 10 bis 30 Jahren Steuerfreiheit, günstigen Krediten für den Hausbau, deutschsprachiger Verwaltung, Religionsfreiheit und Befreiung vom Militärdienst. Viele Länder Mitteleuropas, die selbst unter Bevölkerungsmangel litten, reagierten darauf sogar mit einen Auswanderungsverbot.

Einwanderungspolitik seit Katharina II.

Die Zarin wollte „Musterbauern" ins Land holen. Doch meist kamen landwirtschaftlich unqualifizierte Menschen. Der Start war hart: Auf der Überfahrt brachten skrupellose Kapitäne die Einwanderer um ihr letztes Geld, in der russischen Verwaltung verschwanden das für die Siedler vorgesehene Geld und das Saatgut. Das Klima, schlechte Böden und Überfälle durch Kirgisen und Kalmücken erschwerten den Siedlern das Leben. Erst nach 1880 besserten sich die Lebensbedingungen der Wolgadeutschen mit der Einführung des Mehrfeldersystems mit Fruchtwechselwirtschaft.

1789 nahm Katharina II. ihre „Peuplierungspolitik" (siehe S. 68) wieder auf, denn nach der Verdrängung der Osmanen aus dem Schwarzmeerraum fehlte es dort an Siedlern. Die Zaren Paul I. und Alexander I. sorgten diesmal dafür, dass die Mittel nicht wieder unterschlagen wurden und dass nur qualifizierte Einwanderer kamen. Auch das Klima war günstiger, und so gelangten die Siedler im Schwarzmeerraum nach harten Anfangsjahren zu größerem Wohlstand als die Wolgadeutschen.

Religiös motivierte Einwander waren die etwa 11 000 Mennoniten, die sich seit 1789 in Russland ansiedelten, weil sie hier Religionsfreiheit fanden. Nach der

2 Wolgaufer, historische Fotografie, um 1914

3 Wolgaufer, Gemälde, 1792

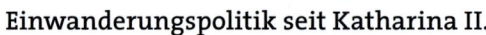
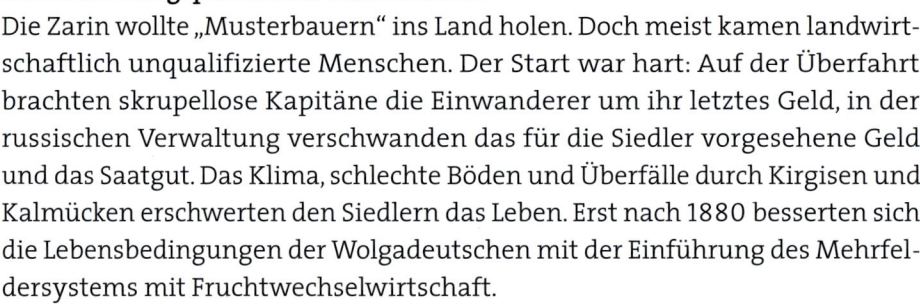

1700	1725	1775	1825

1762/1763 Aufrufe Katharinas II. in deutschen Ländern zur Besiedlung der mittleren Wolgagebiete

Aufruf Katharinas II. zur Besiedlung der Schwarzmeergebiete **1789**

1796–1801 Paul I.

1762–1796 Katharina II.

1801–1825 Alexander I.

4 Sarepta-Gesamtansicht, 1776

SAREPTA

Sarepta war eine deutsche Siedlung bei Wolgograd, die seit 1765 von der Herrnhuter Brüdergemeine (1722 von Graf Nikolaus von Zinzendorf in Sachsen gegründet) aufgebaut wurde. Diese pietistische Religionsgemeinschaft scheiterte zwar daran, in Russland zu missionieren. Dafür baute sie eine florierende Wirtschaft mit einzigartigen Produkten auf, dem Senf aus Sarepta und dem „Sarpinka", einem leichten gestreiften oder karierten Baumwollstoff. 1892 verließen die letzten Herrnhuter die Siedlung und übergaben sie der evangelisch-lutherischen Kirche in Russland.

Einführung des Militärdienstes auch für Deutsche 1874 wanderten jedoch viele von ihnen wegen ihres strengen Pazifismus nach Amerika aus.

Nach dem polnischen Aufstand 1863 zogen deutsche Kolonisten aus Russisch-Polen in großer Zahl nach Wolhynien, der westlichsten Provinz Russlands. Dort kauften sie günstig Land von russischen Gutsbesitzern, die nach der Aufhebung der Leibeigenschaft 1861 verarmt waren. Anfang des 20. Jahrhunderts führte die Landnot zu einer Siedlungsbewegung nach Sibirien, der sowohl russische Bauern als auch deutsche Kolonisten folgten.

Die Oktoberrevolution 1917, der folgende Bürgerkrieg, die Hungersnöte und die Zwangskollektivierung der Landwirtschaft trafen alle gleichermaßen: die deutschen Kolonisten wie die russische Bevölkerung. 1926 war die Zahl der Deutschen auf 1,2 Mio. gesunken. Um die nationale Minderheit einzubinden, verfügte Stalin 1924 die Gründung autonomer deutscher Bezirke, in denen Deutsch die Amts- und Schulsprache war. Regiert wurden die Gebiete aber von russischen Parteifunktionären. Auch waren die evangelischen und katholischen Kirchengebäude nach der Oktoberrevolution verstaatlicht und eine Reihe kirchlicher Würdenträger verhaftet oder ermordet worden. Der deutsche Überfall auf die Sowjetunion am 22. Juni 1941 änderte das Leben der Russlanddeutschen fundamental. Sie wurden 1941 aus allen europäischen Gebieten Russlands nach Sibirien, Kasachstan und Zentralasien umgesiedelt. Sie verloren ihre Bürgerrechte und waren damit vom Besuch höherer Schulen und von einem Studium ausgeschlossen.

5 Blick auf Sarepta, Zeichnung von Philipp Jacob Ferber (1705–1788) nach Christlieb Suter (1740–1811), Tusche auf Papier, 1776
Die Herrnhuter Siedlung Sarepta vor der Verwüstung 1774 durch Pugatschow. Im Vordergrund eine Mahl- und Sägemühle.

1861 Aufhebung der Leibeigenschaft in Russland

1863 Polnischer Aufstand

Russische Revolution **1917**

1941 Deutscher Angriff auf die Sowjetunion, Zwangsumsiedlung der Deutschen in Russland

1924 Stalin verfügt die Gründung autonomer deutscher Bezirke

1924–1953 Stalinherrschaft in der Sowjetunion

1914–1918 Erster Weltkrieg   **1939–1945** Zweiter Weltkrieg

Zwischen Orient und Okzident: der Kaukasus und seine Erschließung

Der Kaukasus hat wegen seiner Erdölvorkommen und der strategischen Lage bis heute weltpolitische Bedeutung. Seit dem Mittelalter von einem georgischen Königshaus und verschiedenen Khanen regiert, stand er bis ins 18. Jahrhundert unter starkem Einfluss der Perser und Osmanen. Von diesem Gebiet erfuhr man nur vereinzelt in Deutschland, etwa durch den Münchner Johann Schiltberger, der bei seiner Flucht aus osmanischer Gefangenschaft im 15. Jahrhundert durch den Kaukasus kam. Im 17. Jahrhundert querten Adam Olearius (siehe S. 42 f.) und seine Begleiter auf ihrer Reise nach Persien und Indien das Gebiet. Und im 18. Jahrhundert schickten die Zaren Peter I. und Katharina II. gezielt deutsche Forscher in den Kaukasus.

Die Erforschung des Kaukasus

Doch erst nach 1801, als das georgische Königtum mit dem Tod Giorgis XII. erlosch, wurde eine systematische Erforschung und Besiedlung des Kaukasus für Russland attraktiv. Denn Georgien, das sich schon 1783 unter russischen Schutz begeben hatte, wurde nun zur russischen Provinz. 1803/04 traten auch Imeretien und Armenien, 1810 Abchasien und 1828 die Khanate Eriwan und Nachtschiwari Russland bei. Deutsche Wissenschaftler beteiligten sich maßgeblich an der folgenden Erschließung der Gebiete.

Der Orientalist Heinrich Julius von Klaproth (1783–1835) schuf bei seinen Kaukasusreisen 1807 und 1808 die Grundlagen auf den Gebieten der Ethnologie, Geschichte, Geografie, Botanik und Zoologie. Der Berliner Geologe und Chemiker Hermann Abich (1806–1886) war über 20 Jahre mit geowissenschaftlichen Forschungen befasst. Sie waren wegen der Bodenschätze im Kaukasus von besonderer Bedeutung. Der aus Danzig stammende Gustav Radde (1831–1903) lebte seit 1862 in Tiflis, das er zusammen mit Abich zum wissenschaftlichen Zentrum des Kaukasus machte. Hier entstanden 1850 das magnetische und meteorologische Observatorium sowie verschiedene Museen und andere deutsche Kultureinrichtungen.

Deutsche Siedler im Kaukasus

Zar Alexander I. bemühte sich um deutsche Kolonisten für den Kaukasus. 1817 trafen die ersten Siedler aus Württemberg in Tiflis und Umgebung ein. Trotz widriger Umstände wuchs ihre Zahl bis 1900 auf etwa 12 000 Personen. Sie betrieben vor allem

KAUKASUS

Der Kaukasus ist ein Hochgebirge und liegt zwischen dem Schwarzen und dem Kaspischen Meer. Er bildet eine Landbrücke zwischen Osteuropa und Vorderasien. Verschiedene Völker wie Georgier, Tschetschenen, Armenier, Osseten, Aserbaidschaner u. a. m. mit unterschiedlicher Religionszugehörigkeit treffen hier aufeinander. Dies und die wertvollen Bodenschätze führen bis heute zu politischen und militärischen Auseinandersetzungen in der Region.

1 Kupfermine Kedaberg im Kaukasus, Wohnhütten, Fotografie, 1880/1900

1700	1725	1775	1825

1801 Georgien wird russische Provinz

Forschungsreisen Heinrich von Klaproths in den Kaukasus **1807/08**

Erste deutsche Siedler in Tiflis **1817**

1796–1801 Paul I.

1762–1796 Katharina II.

1801–1825 Alexander I.

Landwirtschaft, Weinbau sowie Seidenraupenzucht und führten Handwerks- und Gewerbebetriebe, die sich ab 1840 in Gilden organisierten. Lutherische Kirchen und ein eigenständiges Schul- und Medizinalwesen ergänzten das Gemeinwesen.

In Tiflis entstanden deutsche Vororte und es erschien eine deutschsprachige Zeitung, die „Kaukasische Post". Beim Wiederaufbau nach den Zerstörungen des russisch-persischen Krieges in Tiflis halfen deutsche Architekten, besonders Albert Salzmann (1833–1897), der das Gebäude für das Kaukasische Museum schuf.

1862 hatte Tiflis bereits 62 000 Einwohner und war daher auch in wirtschaftlicher Hinsicht für deutsche Unternehmen attraktiv geworden. Die 1840 gegründete Firma Siemens & Halske baute ab 1850 das Telegrafensystem in Russland auf. 1858 errichtete sie die erste Telegrafenleitung zwischen Tiflis und Kodschori, der bald weitere folgten und die Europa und Asien miteinander verbanden.

TELEGRAFIE

1837 erfand der amerikanische Maler Samuel Morse die Telegrafie – eine elektronische Nachrichtenübermittlung mit Hilfe des Morse-Alphabets. Es war die erste technische Erfindung aus den USA, die weltweite Bedeutung erlangte. Die erste Telegrafenlinie entstand 1843 zwischen Washington und Baltimore, 1848 in Deutschland zwischen Hamburg und Cuxhaven. 1851 konnten Dover mit Calais und 1866 Europa mit Amerika mit Hilfe von aufwendig verlegten Unterseekabeln verbunden werden.

2 Fotoalbum mit zwei Aufnahmen des Wasserkraftwerks Zemo-Awschaly, Kaukasus, Fotografien, 1924/26

Die Entwicklung Bakus

Baku, im Jahr 1863 mit 14 000 Einwohnern eher eine kleine Stadt, entwickelte sich bis 1902 rasant und wuchs infolge der Erdölförderung auf 206 000 Einwohner an. Bei der Stadtentwicklung wirkten ebenfalls deutsche Architekten mit. Nikolaus von der Nonne wurde 1883 städtischer Baudirektor. Er überarbeitete die gesamte Stadtplanung und war von 1898 bis 1902 Oberbürgermeister.

Die Erschließung der Erdölförderung lag aber in der Hand der Brüder Ludwig und Robert Nobel aus Schweden. Deutsche Firmen waren mit Bohr- und Verfahrenstechnik beteiligt. Ab 1877 förderten die Stahlunternehmen Krupp und Thyssen Mangan zur Herstellung von Qualitätsstahl. Nach der Oktoberrevolution 1917 wurden die Betriebe verstaatlicht.

1875   1925   1975   **2000**

1860 Siemens & Halske in Tiflis   **1924–1953** Stalinherrschaft

Russische Revolution **1917**

1867 Gründung des Kaukasischen Museums in Tiflis   **1914–1918** Erster Weltkrieg   **1939–1945** Zweiter Weltkrieg

1876 Gründung der Petroleum-Produktionsfirma durch die Brüder Nobel

1877 Manganförderung im Kaukasus durch Thyssen und Krupp

Das Altaigebiet und seine Schätze

BERGAKADEMIE FREIBERG

1168 wurden in der Nähe der sächsischen Stadt Freiberg die ersten Silbervorkommen entdeckt. Das ganze Erzgebirge entwickelte sich zu einer wohlhabenden Bergbauregion. Ab 1527 verfasste Georgius Agricola erstmals ein wissenschaftliches Werk zu den Grundlagen des Bergbaus: „Vom Bergbau zwölf Bücher". 1765 erfolgte die weltweit erste Gründung einer Bergbauakademie in Freiberg, die bis heute Fachleute auf diesem Gebiet ausbildet.

1 Malachitvasen aus der Steinschleifffabrik in Peterhof, Russland, erste Hälfte 19. Jh. Malachit, Gold, Höhe 22 cm, Durchmesser 16 cm. Peterhof war neben Jekaterinburg und Kolywan eine der drei Großschleifereien Russlands im 19. Jh.

Ab Mitte des 18. Jahrhunderts wurde das karge Altaigebiet zur größten Bergbauregion Sibiriens. Maßgeblichen Anteil daran hatten der aus dem Ural stammende Industrielle Akinfi N. Demidow (1678–1745) und deutsche Fachleute. Vor allem lohnte sich die Ausbeutung der Kupfer-, Gold- und Silbervorkommen. 90 Prozent des russischen Silbers stammten aus dem Altaigebiet. Das Silberbergwerk von Smeinogorsk war mit seinen zehn unterirdischen Stockwerken das größte Bergwerk der Region und wurde mit Hilfe modernster Wassertechnik betrieben. Die erste Kupferhütte nahm 1727 am Kolywanki-Fluss ihren Betrieb auf.

Aus Silber und Kupfer wurden Münzen hergestellt, größtenteils im St. Petersburger Münzhof. Eine eigenständige „sibirische Kupfermünze" produzierte seit 1766 der eigens dafür eingerichtete Münzhof von Susun.

Ausländische Fachleute, zumeist Griechen, Deutsche oder Skandinavier, waren schon seit Mitte des 15. Jahrhunderts im russischen Bergbau beschäftigt. Als erster deutscher Fachmann kam Paul Pruftzen 1699 mit sechs Kollegen aus Sachsen in den Altai. Akinfi Demidow beschäftigte 1735 vier deutsche Fachleute in seinen Betrieben im Altaigebiet. Die Arbeitsverträge mit Ausländern schloss aber die staatliche Bergbehörde, die auch die Höhe des Lohns, den Demidow bezahlen musste, und die Arbeitsbedingungen festlegte.

Silber aus den Kupfererzen des Altai

Ein deutscher Fachmann namens Hilliger soll es gewesen sein, der erstmals mit einem in Russland noch unbekannten Verfahren Silber aus Kupfererz gewann. Man glaubte ihm jedoch nicht, und erst 1742 wurde mit Hilfe des deutschen Steigers Philipp Tröger silberhaltiges Erz im Altai entdeckt. Er war bei Demidow beschäftigt und hatte das nötige Wissen zum Nachweis von Edelmetall im Erzgemisch von Kolywan. Tröger reiste 1743, ohne Demidow zu informieren, mit den Erzmustern zu Zarin Elisabeth Petrowna.

Gleichzeitig holte Demidow zum Aufbau einer Silberhütte den Sachsen Johann Junghans für den sehr hohen Jahreslohn von 600 Rubel ins Altaigebiet. Zusätzlich engagierte er Johann Samuel Christiani (1711–1766) und machte das Gebiet Kolywan-Wosbresensk zum Zentrum der Silberproduktion. Nun informierte Demidow persönlich die Zarin über die Silbervorkommen, die er nach einem Gesetz von 1727 ganz legal fördern und verhütten durfte.

1700 1725 1775 1825

1727 erste Kupferhütte im Altaigebiet **1785** Eröffnung der Bergbauschule von Barnaul

1742/1743 Erschließung der Silbererz-Lagerstätten im Altai

1765 Gründung der Bergbauakademie in Freiberg in Sachsen

1747 Erlass der Zarin zur Anwerbung von Fachkräften für den Silberbergbau **1796–1801** Paul I.

1741–1762 Elisabeth I. Petrowna **1762–1796** Katharina II. **1801–1825** Alexander I.

Der Beginn der Goldgewinnung

Unter den Erzmustern, die Tröger der Zarin gezeigt
hatte, war auch Berggold gewesen, das man vor 1744
in Russland noch nicht gefunden hatte. Sie entsandte
daraufhin eine Expertenkommission unter Leitung von Andreas B. Beer
(1696–1751) in die Altairegion, um Berggold zu finden. Bereits 1745 lieferte Beer
Erze nach St. Petersburg, aus denen durch Verhüttung Silber und Gold gewon-
nen werden konnten. Im selben Jahr starb Akinfi Demidow. Die folgenden
Erbstreitigkeiten unter den Söhnen nutzte die Zarin und verstaatlichte 1747
alle Betriebe von Demidow im Altai. Leiter des Bergwerks von Kolywano-Wos-
bresensk wurde Andreas Beer.
Der Bedarf an Fachleuten stieg und man holte sie nach einem Erlass vom 1. Mai
1747 auch aus Sachsen. Sie verdienten in der Regel deutlich mehr als Russen
gleicher Qualifikation, so erhielt ein russischer Bergoffizier 1765 240 Rubel im
Vergleich zu 450 Rubel für einen Deutschen im gleichen Rang.

Barnaul wird Zentrum mit Bergakademie

Die Altairegion und ihr Zentrum Barnaul entwickelten sich auch administrativ
und kulturell. Der erste evangelische Pastor der Region, Johann Gottlieb Leube
(1724–1782), kam ursprünglich aus Sachsen und verfügte über Erfahrung im
Bergbau. Sein Buch über die Erzgruben des Altai bildete die Grundlage einer
systematischen Erforschung der dortigen Erzvorkommen.
1772 kam Hans Michael Renovantz (1744–1798), Absolvent der Bergakademie
Freiberg, nach Russland. Er führte ab 1778 mineralogische Untersuchungen im
Altai durch und regte die Gründung der
Bergschule in Barnaul an, an der er
selber lehrte. Er wurde 1779
zum korrespondie-
renden Mitglied der
Petersburger Akade-
mie gewählt. Nun, da
sich der Ausbildungs-
stand der russischen
Bergleute zunehmend
verbesserte, sank der An-
teil deutscher Fachleute
im 19. Jahrhundert auf
unter drei Prozent.

3 Minerale und Erze aus dem
Gastgeschenk Alexanders I. an
Friedrich Wilhelm III.:
Malachit, Gumeschwesk, Ural, 998 g
Epidot, Quarz, Kripina, Ural, 1080 g
Quarz, Nischneturinsk, Ural, 1936 g
Hämatit, Onega-See, Karelien, 12 258 g
Smithsonit, Nertschinsk, Sibirien, 1888 g.
Die 1803 erfolgte Schenkung umfasste
insgesamt 3081 Stücke, die in 31 Kisten
verpackt, mit detailliertem Katalog
versehen, einen repräsentativen
Querschnitt russischer Bodenschätze
darstellten.

FRIEDRICH (FJODOR) VON GEBLER

Der 1782 in Zeulenroda geborene
Friedrich von Gebler studierte Medizin
in Jena. 1808 ging er nach Russland
und ließ sich 1818 als Arzt in Barnaul
im Altai-Gebirge nieder. Hier widmete
er sich der systematischen Erfassung
der Tier- und Pflanzenwelt dieser
Region. Er leitete von 1819 bis 1821 eine
Expedition nach Südsibirien und von
1833 bis 1835 Expeditionen in den
südöstlichen Altai (Kasachstan).
1823 gründete er das Naturhistorische
Museum in Barnaul, wo er 1850
verstarb.

4 Modell eines Bergwerks von 1770,
Maßstab 1:100, Holz, 1827.
Das Modell eines Silberbergwerks steht
in der historisch-technischen Sammlung
des Museums von Barnaul.

1917 Russische Revolution

1924–1953 Stalinherrschaft

1914–1918 Erster Weltkrieg   **1939–1945** Zweiter Weltkrieg

Russisches und preußisches Militär zur Zeit Napoleons

1 Feuerwerk im Lager von Kalisch,
Gustav Schwarz, 1835,
Gouache 55 x 73,5 cm
Das Feuerwerk fand am Abend des
18.September 1813 statt.

VOLKSHEER
Der Befreiungskrieg gegen Napoleon
wurde in Preußen nicht von regulären
Truppen, sondern durch eine Volksar-
mee, in der 6 Prozent der Bevölkerung
aktiven Wehrdienst leisteten, getragen.
Im Auftrag des Zaren hatten Freiherr
vom Stein, Yorck und die ostpreußi-
schen Landstände bereits 1812
Landwehreinheiten gebildet. 1813
folgten Freie Jägerverbände, darunter
das Freikorps Lützow, das erstmals die
Farben Schwarz-Rot-Gold der heutigen
Deutschlandfahne trug. Geld- und
Sachspenden der Bevölkerung trugen
zur Ausrüstung der Reservisten und
Freiwilligen bei.

Zar Alexander I. und der preußische König
Friedrich Wilhelm III. trafen sich 1802 in Me-
mel zum ersten Mal persönlich. Schwierige
Zeiten standen ihnen bevor.

Preußen steht zwischen den Großmächten
Preußen, das zu Beginn des 19. Jahrhunderts
zwischen den beiden Großmächten Frankreich
und Russland stand, nahm zunächst eine neutrale Haltung gegenüber Napoleons Expansionspolitik ein. Im November 1805 schloss es
einen Koalitionsvertrag mit Russland. Im Februar 1806 unterschrieb Friedrich Wilhelm III.
einen Vertrag mit Frankreich und vereinbarte
gleichzeitig mit Russland, sich gegenseitig
beizustehen. Diese unklare Haltung Preußens
drohte außenpolitisch in die Isolation zu führen. Das erkannte Friedrich Wilhelm III. und
näherte sich im Juli 1806 wieder Russland an, um den Krieg gegen Napoleon
vorzubereiten. Der König glaubte sich im Besitz einer unschlagbaren Armee.
Der makellose Ruf des preußischen Militärs stammte noch aus der Zeit Friedrichs II. (des Großen), entsprach jedoch nicht mehr der Realität. Der Generalstab
war überaltert, die unteren Offiziersränge waren jung und unerfahren. Seit
1762 hatte die preußische Armee keine große Schlacht mehr geschlagen.
Das zeigte sich bei der Doppelschlacht von Jena und Auerstedt: Die
100 000 Mann starke preußische Armee wurde von Napoleon vernichtend
geschlagen und Napoleon erbeutete wichtige Ausrüstung und Proviant. Hinzu
kamen die psychologischen Folgen der Niederlage: Das Vertrauen in die Armee
war zerstört, der König verzagt, ganz Europa erschüttert. Friedrich Wilhelm III.
zog sich nach Memel an die russische Grenze zurück. Er fand Unterstützung
beim Zaren, dessen Truppen das preußische Territorium verteidigten, bis nach
der russischen Niederlage bei Friedland 1807 der Frieden von Tilsit geschlossen
wurde. Der Friede sicherte Frankreich die Herrschaft über Süd- und Zentraleu-
ropa und beließ Preußen nur noch als Rumpfstaat.
Die Erhaltung Preußens, für die sich der Zar einsetzte, hatte Napoleon nur
akzeptiert, weil das Bündnis mit Russland sonst nicht zustande gekommen
wäre. Mit verschiedenen Maßnahmen versuchte Russland, Preußen gegen
Frankreich zu stützen. Doch zunächst schien das nicht zu funktionieren, denn

1750	1755	1765	1775	1785	1795

Erste Teilung Polens **1772**

Französische Revolution **1789**

Zweite Teilung Polens **1793**

Dritte Teilung Polens **1795**

1796–1801 Paul I.

preußische und österreichische Truppen mussten unter französischer Flagge am Russlandfeldzug Napoleons 1812 teilnehmen. Sie kämpften aber mit geringem Engagement und die russische Militärführung behandelte sie nicht als Feinde.

Gemeinsam gegen Napoleon

Nach dem desaströsen Rückzug Napoleons aus Russland marschierten russische Truppen in Preußen ein, nicht als Sieger, sondern als potenzielle Verbündete. Grund war die eigenmächtige Neutralitätserklärung preußischer Truppen unter Yorck von Wartenburg in der Konvention von Tauroggen im Dezember 1812 (siehe S. 81).

Der preußische König fühlte sich wie viele europäische Herrscher angesichts der neuen

2 Die große Parade bei Kalisch am 14. September 1835, Gemälde von Carl Rechlin, 1836, Öl auf Leinwand 1813 war in Kalisch das Bündnis zwischen Alexander I. und Friedrich Wilhelm III. gegen Napoleon geschlossen worden. Die Parade von 1835 sollte die Waffenbrüderschaft zwischen Russen und Preußen demonstrieren.

Situation überfordert und fürchtete die Rache Napoleons. Für Russland war es besonders wichtig, Preußen und Österreich als Verbündete zu gewinnen. Und der Patriotismus weiter Kreise des Militärs, des Adels und der Bevölkerung wuchs, so dass Friedrich Wilhelm III. letztlich den Mut fand, 1813 den antinapoleonischen Bündnisvertrag von Kalisch zwischen Preußen und Russland zu schließen. Großbritannien, Schweden und diverse deutsche Fürstentümer traten ihm bei. Damit war Russland seinem Ziel, Napoleon zu stürzen und ein neues europäisches Gleichgewicht herzustellen, schon näher.

In den preußischen Städten empfing man die russischen Truppen jubelnd als Befreier. Die Gründung von Freikorps, einer Landwehr und die Einberufung der Reservisten zum Militärdienst dienten der Unterstützung der russischen Truppen. Nach Berlin befreiten sie das Gebiet östlich der Elbe sowie Hamburg, Breslau, Lübeck und Dresden im März 1813. Die Völkerschlacht von Leipzig im Oktober 1813 läutete dann das Ende der napoleonischen Herrschaft ein.

3 Ehrensäbel für Gerhard Leberecht von Blücher, Stahl, Eisen, Silber, Horn, graviert und vergoldet, Solingen, um 1814. Blücher war Offizier der preußischen Armee und 1815 maßgeblich an der Schlacht von Waterloo beteiligt.

| 1805 | 1815 | 1825 | 1835 | 1845 | **1850** |

1806 Doppelschlacht von Jena und Auerstedt

1812 Russlandfeldzug Napoleons; Konvention von Tauroggen

1807 Frieden von Tilsit

1799–1815 Herrschaft Napoleons   **1815** Wiener Kongress

1801–1825 Alexander I.   **1813** Vertrag von Kalisch; Völkerschlacht von Leipzig

1797–1840 Friedrich Wilhelm III.

Russen und Deutsche im Banne Napoleons

Die Französische Revolution und Napoleons Expansionspolitik nötigten den europäischen Herrschaftshäusern neue politische und militärische Bündnisse auf. Russland hatte im 18. Jahrhundert sein Machtgebiet durch die Teilungen Polens in Einklang mit Preußen und Österreich vergrößern können. Auch der Krieg gegen das revolutionäre Frankreich ließ die europäischen Mächte zunächst zusammenrücken. Alexander I. wurde zum großen Gegenspieler Napoleons, obwohl er anfangs Sympathien für ihn hegte.

Alexander I., der Gegenspieler Napoleons

Am Zarenhof gab es unterschiedliche Meinungen, wie auf die neue Situation in Frankreich zu reagieren sei. Eine Partei machte sich für ein enges Bündnis mit Preußen stark, eine andere strebte mehr Einfluss in Württemberg und Baden an und Alexanders Außenminister, der polnische Fürst Adam Jerzy Czartoryski, wollte ein Bündnis mit England erreichen, um letztendlich Polen wiederherzustellen – gegen den Widerstand Preußens und Österreichs. Russland pendelte mit seinen diplomatischen Verhandlungen zwischen Frankreich und England hin und her. Erst als sich Napoleon 1804 zum Kaiser krönte, stellte sich Alexander I. eindeutig gegen ihn. Ein drittes Kaiserhaus in Europa neben den Habsburgern im Westen und den Romanows im Osten wollte er nicht dulden. Alexander I. schloss im April 1805 ein russisch-englisches Bündnis, dem sich Österreich zögerlich anschloss, während Bayern, Baden und Württemberg auf napoleonischer Seite blieben.

Die Dreikaiserschlacht von Austerlitz am 2. Dezember 1805 endete mit einem Sieg Napoleons. Alexander I. verließ das Schlachtfeld fluchtartig und zog sich nach St. Petersburg zurück, wo er für einige Zeit die Politik so weit wie möglich mied. Er zögerte auch, Preußen, trotz Bündnispflicht, ein größeres Hilfskorps zu schicken. Es folgten zwei verheerende Niederlagen Preußens in Jena und Auerstedt und die Besetzung Preußens durch napoleonische Truppen. Nach weiteren blutigen Schlachten willigte Alexander I. 1807 in den Frieden von Tilsit ein, in dem Napoleon Europa neu aufteilte. Von Preußen blieb nur ein Rumpfstaat übrig und das neu geschaffene Herzogtum Polen stellte für den Zaren eine politische Niederlage dar.

Napoleons Russlandfeldzug

Am Hof Alexanders I. sammelten sich nun die Gegner Napoleons. Dazu gehörten z. B. Carl von Clausewitz und Karl Freiherr vom und zum Stein, der zu einem Berater des Zaren wurde. 1812 rüstete Napoleon zum Krieg gegen Russland, das die französische Kontinentalsperre gegen England gebrochen hatte. Mit

1 Zar Alexander I., unbekannter Künstler, Öl auf Leinwand, Anfang 19. Jh.

1750   1755   1765   1775   1785   1795

Erste Teilung Polens **1772**

Französische Revolution **1789**

Zweite Teilung Polens **1793**

Dritte Teilung Polens **1795**

1796–1801 Paul I.

über 400 000 Soldaten überschritt Napoleon am 24. Juni 1812 die Memel, den Grenzfluss zwischen Preußen und Russland. Nie zuvor hatte es eine größere Armee gegeben.

Die russischen Truppen verweigerten Napoleon eine Entscheidungsschlacht und wichen stattdessen zurück. Sie verbrannten alles, was der Versorgung der napoleonischen Truppen hätte dienen können. Durch Hunger, Krankheit und Desertion war Napoleons Armee im August 1812 bereits auf 160 000 Mann geschrumpft. Die Schlacht bei Borodino konnte er zwar gewinnen, aber um den Preis von 80 000 Toten und Verletzten auf beiden Seiten. Als er Moskau erreichte, war die Stadt in Brand gesetzt, und Napoleon blieb nur der Rückmarsch. Er verlor eine weitere Schlacht an der Beresina und im Dezember erreichten nur einige tausend seiner Soldaten die preußische Grenze, wo die meisten in russische Gefangenschaft gerieten.

Am 17. März 1813 erklärte Preußen Frankreich offiziell den Krieg und trug mit einem Volksheer neben Russland die Hauptlast der Befreiungskriege. Der Wie-

TEILUNGEN POLENS
Besetzung und Aufteilung Polens durch die benachbarten europäischen Großmächte aufgrund machtpolitischer Erwägungen.
1772 Erste Teilung Polens (Preußen, Österreich, Russland)
1793 Zweite Teilung Polens (Preußen, Russland)
1795 Dritte Teilung Polens (Preußen, Österreich, Russland; Auflösung des polnischen Staates)

2 Der Brand von Moskau, Gemälde von Christian Johann Oldendorp (1772–1844), nach 1812

ner Kongress beendete 1815 die napoleonische Zeit und markierte die Rückkehr zur vorrevolutionären Ordnung in Europa. Russland sicherte sich ein größeres Mitspracherecht in europäischen Angelegenheiten, z. B. beim militärischen Vorgehen gegen revolutionäre Bewegungen.

1805   1815   1825   1835   1845   **1850**

1805 April: Bündnis Russlands und Großbritanniens; Dezember: Dreikaiserschlacht von Austerlitz

1807 Frieden von Tilsit **1812** Russlandfeldzug Napoleons

1799–1815 Herrschaft Napoleons **1815** Wiener Kongress

1801–1825 Alexander I.

1797–1840 Friedrich Wilhelm III.

Yorck von Wartenburg

Der Aufstieg der Familie Yorck in der Militär- und Zivilgesellschaft Preußens begann mit David Jonathan Jark von Gostkowski, der sich in vielen Schlachten des Siebenjährigen Krieges in Schlesien (1756–1763), den Friedrich I. dank des Ausscheidens Russlands aus der antipreußischen Koalition für sich entscheiden konnte, verdient gemacht hatte.

Ein unabhängiger Geist im Preußischen Militär

Historische Bedeutung erlangte sein 1759 in Potsdam geborener Sohn Johann David Ludwig, der später den Namen „Jark" in „Yorck" änderte und das kaschubische „von Gostkowski" ablegte. Mit 13 Jahren trat er als Junker in die Armee Friedrichs II. ein und erhielt nach fünf Jahren das Offizierspatent. Sein besonderer Charakter zeigte sich in frühem Ungehorsam: Er hatte einem Hauptmann unrechtmäßige Bereicherung vorgeworfen. Diese Insubordination brachte ihm gemäß dem strengen Reglement des Offizierskorps 1779 eine einjährige Festungshaft ein, nach deren Verbüßung er nicht wieder in Dienst gestellt wurde. Auf Vermittlung des Prinzen von Preußen bekam Yorck jedoch die Stellung eines Kapitäns bei der Niederländischen Armee, mit der er 1783/84 über Kapstadt an einem Feldzug nach Ostindien teilnahm. Nach dieser intellektuell und charakterlich prägenden Zeit, Yorck las gern und beschäftigte sich mit Philosophie, bewarb er sich, seiner patriotischen Gesinnung folgend, ab

1 Generalfeldmarschall Yorck von Wartenburg, Ölgemälde von Ernst Gebauer, 1835

1786 zweimal vergeblich um Einstellung in die Armee, bis er schließlich von Friedrich Wilhelm II. als Kapitän (Hauptmann) wieder in preußische Dienste übernommen wurde. In den folgenden Jahren wirkte er erfolgreich als Soldat und Offizier und formte als Bataillonskommandeur einen neuen Typus von Soldaten, die nicht nach blindem Gehorsam, sondern mitdenkend und selbsttätig im Gefecht handeln sollten. Diese für die damalige Zeit fortschrittliche Ausbildung machte sich in den folgenden Kriegen positiv bemerkbar.

1750   1755   1765   1775   1785   1795

Erste Teilung Polens 1772   Französische Revolution 1789

Zweite Teilung Polens 1793

Dritte Teilung Polens 1795

1756–1763 Siebenjähriger Krieg   1796–1801 Paul I.

Die Konvention von Tauroggen

Nach der Katastrophe der Doppelschlacht von Jena und Auerstedt und dem Frieden von Tilsit 1807 verlor Preußen alle Gebiete westlich der Elbe. Das Heer wurde auf 40 000 Mann reduziert und musste die Hälfte davon als Hilfskorps für Napoleon Bonaparte stellen, das zu Beginn des Russlandfeldzuges 1812 unter dem Kommando Generalmajors Yorck an der Memel stand. Von dem Untergang der „Grande Armée", die nur zum geringeren Teil aus Franzosen, sondern mehrheitlich aus Deutschen, Polen, Italienern, Schweizern, Holländern sowie aus Soldaten der Rheinbundstaaten bestand, waren die Preußen nicht direkt betroffen, aber nach dem Rückzug Napoleons am 14. Dezember 1812 über die polnische Grenze isoliert.

In dieser prekären Lage handelte Yorck, gedrängt von seinen Offizieren und russischen Unterhändlern, ohne Genehmigung des mit Frankreich verbündeten preußischen Königs und in vollem Bewusstsein, eigentlich Hochverrat zu begehen, am 30. Dezember mit dem russischen General von Diebitsch in der Mühle von Tauroggen (Litauen) eine auf Deutsch verfasste Konvention aus. Darin erklärten sich die preußischen Truppen an der Memel ab sofort für neutral unter der Bedingung, dass Russland den Krieg gegen Frankreich weiterführt, bis Preußen und Europa von der französischen Besatzung befreit sind. Friedrich Wilhelm III. in Berlin stimmte dem Vertrag erst auf Druck der Öffentlichkeit zu. Yorck wurde im März 1813 von einer Sonderkommission rehabilitiert und von Alexander I. mit dem Alexander Newski-Orden dekoriert. Die Konvention von Tauroggen war das Fanal für den Beginn der Befreiungskriege.

Befreiungskriege

Zum offiziellen Bündnis zwischen Preußen und Russland kam es im Februar 1813. Yorck rief in Ostpreußen zur Verteidigung des Vaterlandes auf, organisierte ein Freiwilligenheer von 80 000 Mann und unterstützte zusammen mit Generalmajor Friedrich Wilhelm von Bülow die russischen Truppen beim Vormarsch nach Westen. Später kämpfte er mit seinem Korps unter dem Oberbefehl des russischen Generals Peter Christian Graf Wittgenstein mit spektakulären Erfolgen in den Befreiungskriegen. Dreimal verwundet, wurde er wegen seiner Verdienste im Juni 1814 vom preußischen König in den erblichen Grafenstand mit dem Zusatz „von Wartenburg" erhoben und mit dem Gut Klein-Öls in Niederschlesien dotiert, wohin er sich nach seinem Abschied 1815 zurückzog. Dort starb Feldmarschall Graf Johann David Ludwig Yorck von Wartenburg 71-jährig am 4. Oktober 1830.

2 Johann Karl Friedrich Anton Graf von Diebitsch-Sabalkanski, Gemälde von Franz Krüger, 1830

WIDERSTAND GEGEN HITLER

Die Urenkel Johann David Ludwig Yorck von Wartenburgs, Paul und Peter, waren im Widerstand gegen Hitler aktiv. Paul Yorck von Wartenburg (1902–2002) schloss sich während des Nationalsozialismus der oppositionellen evangelischen „Bekennenden Kirche" an. Sein Bruder Peter Yorck von Wartenburg (1904–1944) wurde als Offizier Mitglied des von Helmuth James von Moltke mitbegründeten „Kreisauer Kreises", ebenfalls eine Widerstandsbewegung gegen Hitler. Nach dem missglückten Hitler-Attentat 1944 wurde Peter Yorck hingerichtet. Als Gründe für seine Beteiligung hatte er vor Gericht die unerträglichen Mordtaten der Nationalsozialisten in Polen und Patriotismus für sein Vaterland genannt. Sein Bruder Paul kam ins Konzentrationslager Sachsenhausen.

| 1805 | 1815 | 1825 | 1835 | 1845 | **1850** |

1806 Doppelschlacht von Jena und Auerstedt; Frieden von Tilsit (1807)

1812 Russlandfeldzug Napoleons; Konvention von Tauroggen

1799–1815 Herrschaft Napoleons   **1815** Wiener Kongress

1797–1840 Friedrich Wilhelm III.   **1813** Völkerschlacht von Leipzig

1801–1825 Alexander I.

Deutsch-russische Marinebeziehungen

Bis Ende des 17. Jahrhunderts wurden in Russland keine hochseetauglichen Schiffe gebaut. Zar Peter I. erkannte jedoch die Wichtigkeit einer Hochseeflotte für Russland. Er bestellte Schiffe im Ausland und ließ im eigenen Land Werften errichten. Die in erstaunlich kurzer Zeit aufgebaute russische Flotte spielte im Großen Nordischen Krieg 1700–1721 gegen Schweden eine entscheidende Rolle. In St. Petersburg ließ Peter I. eine Werft, den sogenannten Admiralitätshof bauen, und auf demselben Gelände entstand ein Haus im holländischen Stil als Winterquartier. Dort steht heute der prunkvolle Winterpalast. 1716 tauschte Peter I. 25 russische Gardisten gegen die Luxusyacht „Fridericus Rex" des preußischen Königs Friedrich Wilhelm I. ein. Peter I. taufte das Schiff in „Die Krone" um, integrierte es in die baltische Flotte und nutzte es für repräsentative Zwecke. Als Peter I. 1725 starb, besaß Russland bereits 48 Linienschiffe.

Der Beginn des modernen Flottenbaus

Bis ins 19. Jahrhundert hinein waren Schiffe aus Holz und mit Segeln gefahren. Das letzte russische Segelschiff, die „Gilyak", war 1861 in Hamburg gebaut worden. Nun folgten aus Stahl und Eisen gefertigte, für den Kriegseinsatz gepanzerte Dampfschiffe.

1878 entstand in Russland die sogenannte Freiwillige Flotte. Auf Spendenbasis finanzierte sie den Bau von Fracht- und Passagierschiffen, zum Teil auf deutschen Werften. In angespannter politischer Lage konnten diese zivilen Schiffe zu Kriegsschiffen umgerüstet werden. Beim Aufbau der Kriegsflotte nach neuem technischem Standard war Russland wiederum auf deutsche Werften angewiesen, denn die Industrialisierung war hier weiter vorangeschritten. Zur

LINIENSCHIFF
Historischer Typ von großen Kriegsschiffen mit über mehrere Decks verteilten Kanonen auf beiden Breitseiten, die in der Seeschlacht „in Linie" hintereinander segelten.

1 Schiffsmodell „Zacharias und Elisabeth", Holz (Eiche und Pappel), Länge 270 cm, Breite 97 cm, Höhe 230 cm, Russland, frühes 18. Jh. Schiffsmodelle dienten als maßstäbliche Baupläne für den realen Schiffsbau und waren daher von großer Detailgenauigkeit.

| 1665 | 1680 | 1710 | 1740 | 1770 | 1800 |

1703 Gründung St. Petersburgs mit Ostseehafen

1712 St. Petersburg Hauptstadt des Russischen Reichs

1713–1740 Friedrich Wilhelm I. in Preußen

1682/89–1725 Peter I.

2 Russisches Geschwader vor der Bucht
in Reval, Ölgemälde von Alexander
Beggrow, 1893

Entwicklung der Torpedostreitkräfte vergab Russland 1878 Aufträge an die
Schichau-Werft in Elbing (poln. Elbląg) und die Vulkan-Werft in Stettin (poln.
Szczecin). Die Torpedoboote waren in der Baltischen Flotte, der Schwarzmeer-
flotte und der Sibirischen Flotte im Dienst. Ergänzend kamen weitere auf deut-
schen Werften gebaute Schiffe hinzu, die zum Teil im Russisch-japanischen
Krieg von 1904 bis 1905 eingesetzt wurden. Während dieses Krieges ließ Russ-
land auch vier deutsche Passagierschiffe zu Kriegsschiffen umrüsten. Trotz der
Rüstungsanstrengungen verlor Russland den Krieg.

Nach dem Krieg begann man, auf russischen Werften nach deutschen Entwürfen eigene Torpedoboote zu bauen. Der Aufbau der russischen U-Boot-Flotte
begann mit dem 1904 in Kiel gebauten Kleinst-U-Boot, die „Forelle", das mit
der Eisenbahn nach Wladiwostok transportiert wurde.

Mit Beginn des Ersten Weltkriegs wurden 60 deutsche Frachtschiffe, die sich
in russischen Ostseehäfen aufhielten, beschlagnahmt und nach ihrem Umbau
in der Baltischen Flotte eingesetzt. Nach dem Zweiten Weltkrieg gelangte
aufgrund der Reparationsabkommen eine Reihe deutscher Kriegs- und Han-
delsschiffe in die UdSSR. Werftbetriebe der DDR und BRD bauten bis in die
1990er Jahre in sowjetischem Auftrag vor allem Schiffe für die zivile russische
Seefahrt.

3 Kreuzer 1. Ranges Bogatyr, 1899,
Vulkan-Werft Stettin,
Silber graviert, geschwärzt

1830   1860   1890   1920   1950   **1965**

1904/05 Russisch-japanischer Krieg

1914–1918 Erster Weltkrieg   **1939–1945** Zweiter Weltkrieg

1855–1881 Alexander II.   **1894–1917** Nikolai II.

Alexandrowka – ein russisches Dorf in Potsdam

Die russische Siedlung Alexandrowka in Potsdam ist seit 1999 UNESCO-Welt-kulturerbe. Wie kam es dazu, dass sich im 19. Jahrhundert russische Militäran-gehörige in eigens für sie errichteten Häusern in Potsdam niederließen? Hei-ratspolitik und die Napoleonischen Kriege spielten dabei eine Rolle.

Ein russischer Chor für den preußischen König

Preußen wurde im Friedensvertrag von Tilsit 1807 zu einem militärischen Bündnis mit Napoleon gezwungen und musste deshalb russische Kriegsge-fangene aufnehmen. Unter den Kriegsgefangenen befanden sich russische Sänger, deren Kunst König Friedrich Wilhelm III. so gut gefiel, dass er sie nach dem erneuten Wechsel Preußens auf die russische Seite in die preußische Armee integrierte. Sie gehörten dem 1. Garderegiment zu Fuß an, bildeten ursprünglich einen 62 Mann umfassenden Chor und blieben auch nach dem Ende der Napoleonischen Kriege in preußischen Diensten.

Anlässlich der Verlobung der Prinzessin Friederike Charlotte Wilhelmine von Preußen (1798–1860) mit dem Großfürsten Nikolaus schenkte Zar Alexander I. dem preußischen König weitere sieben Sänger, um verstorbene Chormitglieder zu ersetzen. Die Eheschließung, für die Prinzessin Friederike den orthodoxen Glauben und den Namen Alexandra Fjodorowna angenommen hatte, fand 1817 in Moskau statt. Als der preußische König und sein Sohn Friedrich Wilhelm 1818 in Russland waren, lernten sie die Pläne des italienischen Architekten Carlo di Giovanni Rossi (1775–1849) für das russische Musterdorf Glasowo kennen, eines von mehreren deutschen und holländischen Musterdörfern in der Umgebung von St. Petersburg. Wieder zurück in Potsdam ließ Friedrich Wilhelm III. nach Zeichnungen von Rossi ein russisches Holzhaus nahe Potsdam errichten, das er 1820 nach seinem Schwiegersohn Nikolskoe nannte.

Ein Musterdorf erinnert an Zar Alexander

Nach dem Tod Alexanders I. 1825 stiftete Friedrich Wilhelm III. ein ganzes russisches Dorf als Andenken an den Zaren. Es sollte den verbliebenen zwölf russischen Sängern in Potsdam als Wohnort dienen. Da dem König die drei Entwürfe des Gartenbauingenieurs Peter Joseph Lenné (1789–1866) nicht gefielen, schlug er selbst eine Siedlung unterhalb des Pfingstberges in Form eines Andreaskreuzes vor. Sie sollte aus zwölf Häusern und – weil die Siedlung als Militärsiedlung eine Bewachung brauchte – einem Haus für den Aufseher

KARL FRIEDRICH VON SCHINKEL (1781–1841)
Schinkel war der wichtigste Vertreter des Klassizismus und der Neugotik in Preußen. Er schuf zahlreiche Bauten in Berlin und Potsdam, u. a. 1816 die Neue Wache, 1818 das Schauspielhaus in Berlin und 1834 das neugotische Schloss Babelsberg. Weiterhin entwarf er Möbel, Innenausstattungen, Bühnenbilder und Kostüme und war als Maler tätig.

1 Vorzeichnung für Nikolskoe von Carlo Rossi, Tusche auf Aquarellpapier 64,1 x 97,5 cm, um 1818. Der Entwurf für ein Blockhaus wurde vermutlich für Friedrich Wilhelm III. angefertigt und für Nikolskoe und Alexandrowka verwendet.

1807 Frieden von Tilsit

1797–1840 Friedrich Wilhelm III.

1799–1815 Herrschaft Napoleons

1801–1825 Alexander I.

bestehen. Die vom russischen Ingenieur und Hauptmann Adolf Snethlage (1788–1856) geschaffenen Häuser wurden im Kern aus Kostengründen in Fachwerk gebaut. Um optisch als Blockhäuser zu erscheinen, erhielten sie zur Straßenseite eine Verblendung aus Holzbalken. Die Giebel waren mit geschnitzten Ornamenten verziert und trugen die Namensschilder der Bewohner. 1827 zogen die zwölf Mitglieder des russischen Soldatenchores, die verheiratet sein mussten, mit ihren Familien ein. Die Nutzung der Häuser konnte nur auf einen männlichen Erben übertragen werden, sonst fiel das Haus mit Grundstück und Wirtschaftsgebäuden zurück an die Krone.

2 Löscheimer aus Leinen, Holz, Höhe 34 cm, Duchmesser ca. 20 cm, um 1827.
Der Löscheimer gehört zu den letzten noch verbliebenen Originalstücken aus den Häusern von Alexandrowka und trägt den Schriftzug „Russische Colonie".

3 Die Kirche Alexander Newski in der Parkanlage der Kolonie Alexandrowka bei Potsdam, Aquarell von Wolfgang von Motz, um 1829

Die Siedlung wurde noch um das im russischen Stil gebaute Königliche Landhaus und die orthodoxe Alexander-Newski-Gedächtniskirche erweitert. Karl Friedrich Schinkel überarbeitete dafür die Pläne von Wassili P. Stassow (1769–1848) und entwarf die komplette Innenausstattung. Schinkel hatte sich schon mit dem Bau einer orthodoxen Kapelle im Berliner Stadtschloss befasst, der aber nicht zur Ausführung kam. Zar Nikolaus I. war 1829 beim ersten Gottesdienst in der orthodoxen Kirche anwesend. Sie beeindruckte ihn so sehr, dass er Schinkel mit dem Bau einer Kirche im mittelalterlichen Stil für seine Residenz Peterhof beauftragte. Sie wurde von 1829 bis 1833 errichtet und trug Schinkel die Ehrenmitgliedschaft der Akademie der Künste in St. Petersburg ein.

FESTKULTUR

Hoffeste und Bälle waren repräsentative Inszenierungen der Macht und sehr aufwändig. 1829 fand anlässlich des 31. Geburtstags von Alexandra Fjodorowna der „Zauber der weißen Rose" statt, ein Ritterturnier vor dem Neuen Palais in Potsdam, für das Schinkel die Kostüme und die Dekoration entwarf. Der Sieger erhielt eine Silberne Rose mit weißer Schleife.

1820   **1830**   **1840**   **1850**   **1860**   **1865**

1817 Eheschließung Prinzessin Friederike Charlotte Wilhelmine von Preußen mit Großfürst Nikolaus in Moskau

1820 Bau des Holzhauses Nikolskoe bei Potsdam   **1829/33** Bau einer Kirche in der Zarenresidenz Peterhof nach Entwürfen von Schinkel

1829 Einweihung der Alexander-Newski-Kirche in Potsdam

1826 Gründung der Siedlung Alexandrowka in Potsdam

1834 Bau der Kirche „St. Peter und Paul" nach Entwürfen von Schinkel in Potsdam

1825–1855 Nikolaus I.

Deutsche und russische Literatur im 19. Jahrhundert

1 Nikolai W. Gogol, Ölgemälde von E. Boltz, 1845

Im 19. Jahrhundert wurde der russische Roman international bedeutend, weil er als Schilderung der modernen Wirklichkeit verstanden wurde. Die oft sehr umfangreichen Bücher boten einen soziologischen Blick auf alle Schichten der Gesellschaft, verschiedene politische Ansichten und psychologische Schilderungen des Menschen. Daher fanden russische Bücher zunehmend deutsche Übersetzer und Verleger. Was und wie übersetzt wurde, hing allerdings stark von einzelnen Personen und deren Kenntnis der russischen Kultur ab. Entweder waren die Übersetzer selbst in Russland in einer deutschsprachigen Familie geboren oder sie waren als Hauslehrer tätig. Sie kamen zum Teil als Studenten ins Land oder bereisten es zumindest regelmäßig. Oft waren sie selbst Schriftsteller oder Wissenschaftler.

Russische Literatur in Deutschland

Es war aber nicht leicht, die russische Literatur in Europa zu verbreiten, denn Russland bot ein widersprüchliches Bild: Alexander I. und seine Soldaten blieben zwar als Befreier von Napoleons Herrschaft positiv in Erinnerung, aber die folgende konservative Politik Nikolaus' I. rief Ablehnung in liberalen Kreisen hervor. Die Werke Alexander S. Puschkins (1799–1837) wie auch die von Nikolai W. Gogol (1809–1852) und Michail J. Lermontow (1814–1841), die heute zur Weltliteratur gehören, unterlagen der Zensur und fanden zu ihrer Entstehungszeit auch in Russland nur einen begrenzten Kreis an Lesern. Eher beachtete und übersetzte man Bücher „sentimentaler" Autoren wie die des Historikers Nikolai M. Karamsin (1766–1826). Zwischen 1848 und 1851 erschien eine dreibändige Sammlung russischer Erzählungen im Brockhaus Verlag Leipzig in deutscher Sprache, ins Deutsche übertragen von Wilhelm Wolfsohn (1820–1865). Einen entscheidenden Beitrag zur Verbreitung russischer Literatur leistete aber der Schriftsteller und Publizist Iwan S. Turgenjew (1818–1883). Er lebte lange Zeit in Deutschland und konnte sich daher besonders für die Übersetzung zeitgenössischer russischer Autoren einsetzen.

Ab 1880 weitete sich der Buchmarkt aus. Die Übersetzer versuchten nicht mehr eine buchstabengetreue Übertragung, sondern sinnvolle, der Kultur entsprechende Metaphern und Sprachbilder zu finden und so dem Original gerecht zu werden. Wie schwierig das sein kann, zeigt der Buchtitel eines Werks von Dostojewski. In den wörtlichen Übersetzungen von 1921, 1924 und 1994 hieß das Buch „Verbrechen und Strafe". Eingeprägt hat es sich aber als „Schuld und Sühne", der Titel, der in der Werkausgabe des Piper Verlags zwischen 1906 und 1919 erschien.

2 Wilhelm Wolfsohn, Fotografie, 1860er Jahre

| 1770 | 1780 | 1800 | 1820 | 1840 |

Schukowski überträgt Schillers Jungfrau von Orléans ins Russische **1824**   **1825** Dekabristenaufstand

Nikolai W. Gogol: Der Mantel **1842**

1775/1832 Johann W. Goethe: Faust

Alexander S. Puschkin: Eugen Onegin **1836**

Ende 18. Jh./Anfang 19. Jh. Epoche der Klassik   **erste Hälfte 19. Jh.** Epoche der Romantik   Europäischer Vormärz **1830–1848**

1801–1825 Alexander I.

1825–1855 Nikolai I.

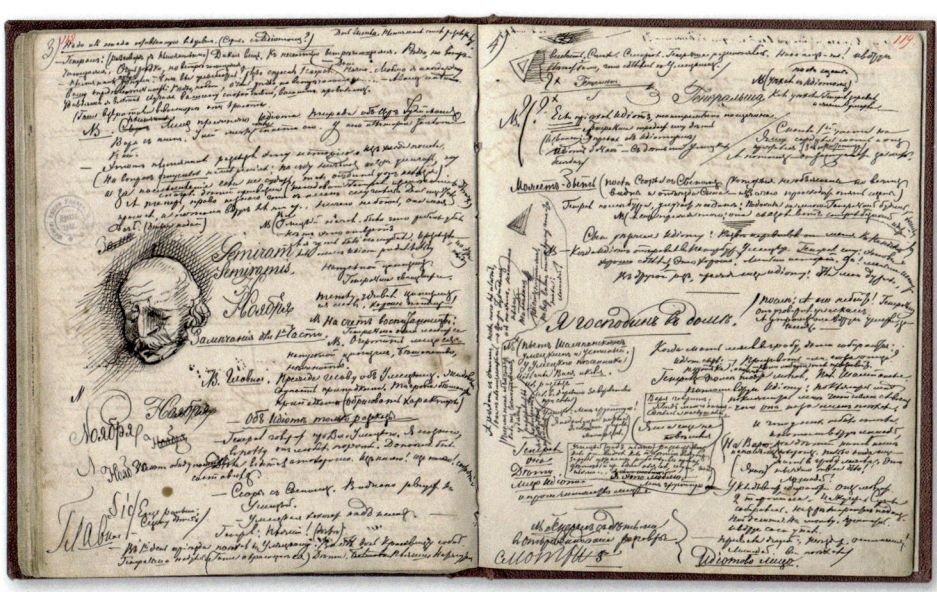

3 Fjodor M. Dostojewski, Fotografie, 1876

4 Fjodor M. Dostojewski, Handschriftliche Notizen zu dem Roman „Die Dämonen", Schreibheft, 1869–70

In Deutschland wurden vor allem die russischen Romane gelesen. Dabei überragten die Schriftsteller Iwan S. Turgenjew, Fjodor M. Dostojewski (1821–1881) und Lew N. Tolstoi (1828–1910) zeitweise alle anderen. Ihre Romanfiguren offenbaren das Innenleben des modernen Menschen. Oft waren es gescheiterte Existenzen, zerrissen zwischen Armut, Geldgier, Verbrechen und der Suche nach Gerechtigkeit und Glück. Die Werke dieser Autoren wurden mit denen Flauberts und Zolas aus Frankreich auf eine Stufe gestellt, Tolstois Einfluss wurde mit dem von Goethe verglichen. Im Theater fanden die Stücke von Anton P. Tschechow (1860–1904) und Maxim Gorki (1868–1936) beim deutschen Publikum begeisterte Aufnahme.

Deutsche Autoren in Russland

Die Auswahl der in Russland gelesenen deutschen Autoren war weniger homogen. Schiller und Goethe gehörten dazu. Eine positive Wirkung für die Wahrnehmung deutscher Schriftsteller hatte das Werk der französischen Schriftstellerin Madame Anne Louise Germaine de Staël (1766–1817) über Deutschland, „De l´Allemagne" (1810). Über den Umweg französischer Übersetzungen erreichten auch die Bücher E.T.A. Hoffmanns (1776–1822) Russland. Theodor Fontane, der Turgenjew als eines seiner literarischen Vorbilder nannte, gewann eine große russische Leserschaft und die Gedichte Heinrich Heines waren durch zahlreiche Übersetzungen in Russland bald ebenso bekannt wie in Deutschland.

5 Porträt des Schriftstellers Iwan S. Turgenjew, Ölgemälde von Ilja Repin, 1874

1860   1880   1900   **1920**

1848/51 Wolfsohn überträgt russische Erzählungen ins Deutsche

1862 Iwan S. Turgenjew: Väter und Söhne

1864 Russische Gesamtausgabe der Werke Heinrich Heines

1866 Fjodor M. Dostojewski: Schuld und Sühne

1868 Lew N. Tolstoi: Krieg und Frieden

1906/19 Deutsche Ausgabe von Dostojewskis Schuld und Sühne

zweite Hälfte 19. Jh. Russischer Realismus   **Ende 19. Jh.** Epoche des Naturalismus   **Anfang 20. Jh.** Expressionismus

Schukowski und die deutsche Literatur

Zu Beginn des 19. Jahrhunderts schrieben die russischen Literaten im Stil der Romantik. Vom Sieg über Napoleon geprägt, hofften sie auf eine politische Erneuerung im Sinne der Aufklärung. Der Schriftsteller Michail J. Lermontow (1814–1841) setzte sich für Meinungsfreiheit in Russland ein und Alexander S. Puschkin (1799–1837) wurde wegen des aufrührerischen Gehalts seiner Gedichte sogar vier Jahre in die Verbannung geschickt. Dem Pathos in der Literatur stand eine ernüchternde gesellschaftliche Realität gegenüber.

1 Wassili A. Schukowski, Gemälde von Theodor Hildebrandt, 1843

Der Übersetzer Schukowski

Der russische Dichter und Übersetzer Wassili A. Schukowski (1783–1852) war Schüler von Nikolai M. Karamsin und ein Vertreter des romantischen Stils. Bekannt wurde er vor allem durch seine Übertragungen westeuropäischer Literatur ins Russische. Übersetzungen aus dem Deutschen machten über ein Drittel seines Gesamtwerks aus, darunter waren Werke Ludwig Uhlands, Gotthold Ephraim Lessings, der Brüder Wilhelm und Jacob Grimm, Adalbert von Chamissos, Friedrich Rückerts und Johann Peter Hebels.

Vor allem Schukowskis Übersetzung von Werken Goethes und Schillers übte großen Einfluss auf die russische Literatur aus. Schukowskis Übertragungen sind eher Nachdichtungen als genaue Übersetzungen der Ursprungstexte, weil er dem russischen Geschmack und Zeitgeist Rechnung trug. Am erfolgreichsten war Schillers Drama „Die Jungfrau von Orléans", das als Schauspiel und als Oper mit Musik von Peter I. Tschaikowski häufig auf russischen Bühnen zu sehen war. Der Inhalt des Dramas, ein Mädchen aus dem Volk begeht eine Heldentat von nationaler Bedeutung, ließ sich auf die politischen Hoffnungen in Russland übertragen, führte aber auch zum zeitweiligen Aufführungsverbot des Stückes.

Viele Reisen und eine Heirat vertiefen die Kenntnisse über Deutschland

Schukowskis Kenntnisse der deutschen Kultur vertieften sich durch seine Reisen und die persönliche Bekanntschaft mit deutschen Schriftstellern. Seine erste Deutschlandreise 1820/21 nach Berlin fand im Gefolge der aus Preußen

KLASSIK

Literaturepoche etwa von 1780 bis 1830, die geprägt war vom Gedanken des Humanismus. In den klassischen Werken wurden neue Ideale postuliert, nach denen der Mensch das Gute, Wahre und Schöne in freier Selbstbestimmung anstreben solle und könne. Ihre beiden Hauptvertreter in der Literatur sind Johann Wolfgang Goethe und Friedrich Schiller.

ROMANTIK

Die Romantik begann in der Literatur Ende des 18. Jh. und dauerte etwa bis 1835. Die Schriftsteller der Romantik wurden in ihrer Zeit als engagierte Vertreter der nationalen Bewegung verstanden, die sich für politische Ziele einsetzten. Heute werden eher die emotionalen und dämonischen Aspekte mit der Romantik in Verbindung gebracht.

1770	1780	1800	1820	1840

Schukowski überträgt Schillers Jungfrau von Orléans ins Russische **1824** **1825** Dekabristenaufstand

Nikolai W. Gogol: Der Mantel **1842**

1775/1832 Johann W. Goethe: Faust

Alexander S. Puschkin: Eugen Onegin **1836**

1801–1825 Alexander I.

1825–1855 Nikolai I.

Ende 18. Jh./Anfang 19. Jh. Epoche der Klassik   **erste Hälfte 19. Jh.** Epoche der Romantik   Europäischer Vormärz **1830–1848**

2 Porträt der Großfürstin Alexandra Fjodorowna als Lalla Rookh, Gemälde von Wilhelm Hensel, Öl auf Holz, 23,3 x 18 cm, 1821
Anlässlich des Hofballs im Januar 1821 im Berliner Schloss trägt Alexandra Fjodorowna ein Kostüm zu Szenen aus „Lalla Rookh", einem Epos des irischen Romantikers Thomas Moore.

stammenden Großfürstin Alexandra Fjodorowna statt, der er seit 1817 Russischunterricht gegeben hatte. Zwischen 1826 und 1840 schlossen sich weitere Aufenthalte in Deutschland an, bei denen er Mitglieder der Zarenfamilie begleitete. Das brachte ihm auch die Bekanntschaft mit Vertretern des preußischen Königshauses ein. Besonders zum Bruder Alexandra Fjodorownas, dem Kronprinzen Friedrich Wilhelm, der 1840 den preußischen Thron bestieg, entstand eine Verbindung. 1821 nahm Schukowski am Hoffest „Lalla Rookh" zu Ehren der Großfürstin Alexandra Fjodorowna teil, bei dem lebende Bilder zu Motiven der Novelle „Lalla Rookh" des englischen Dichters Thomas Moore dargestellt wurden.

Schukowski, der selbst zeichnete, lernte den romantischen Maler Caspar David Friedrich, den Bildhauer Christian Daniel Rauch und später auch Vertreter der Düsseldorfer Malschule kennen. Er schloss Freundschaft mit dem persönlichen Arzt des preußischen Königs, Christoph Wilhelm Hufeland (1762–1836), der zuvor in Weimar der Hausarzt von Schiller, Goethe, Wieland und Herder gewesen war. Mit dem Maler Gerhardt von Reutern verband ihn nicht nur eine Freundschaft, sondern durch die Heirat mit dessen Tochter Elisabeth eine familiäre Bindung. 1841 fuhr Schukowski ein letztes Mal nach Deutschland. Der Aufenthalt zog sich aus privaten Gründen und wegen der revolutionären Ereignisse von 1848 länger hin als geplant. 1852 verstarb Schukowski in Baden-Baden, drei Monate später wurde sein Leichnam nach St. Petersburg übergeführt und beigesetzt.

3 Elisabeth A. Schukowskaja (1821–1856), unbekannter Künstler, Ölgemälde, 1841

1860   1880   1900   **1920**

1848/51 Wolfsohn überträgt russische Erzählungen ins Deutsche

1862 Iwan S. Turgenjew: Väter und Söhne

1864 Russische Gesamtausgabe der Werke Heinrich Heines

1866 Fjodor M. Dostojewski: Schuld und Sühne

1868 Lew N. Tolstoi: Krieg und Frieden

1906/19 Deutsche Ausgabe von Dostojewskis Schuld und Sühne

zweite Hälfte 19. Jh. Russischer Realismus   **Ende 19. Jh.** Epoche des Naturalismus   **Anfang 20. Jh.** Expressionismus

Russische und deutsche Künstler in Rom

Zu Beginn des 19. Jahrhunderts wurde die Stadt Rom Anziehungspunkt für Künstler und Intellektuelle aus ganz Europa.

Die Nazarener

Unter den deutschen Künstlern waren viele, die aus religiösen Motiven nach Rom kamen: Die sogenannten Nazarener suchten hier die Wurzeln ihres katholischen Glaubens und konzentrierten sich in ihrer Malerei auf religiöse Themen. Ihren Namen leiteten sie von Jesus von Nazareth ab. Nazarener wie Johann Friedrich Overbeck, Franz Pforr, Ludwig Vogel, Johann Konrad Hottinger ließen sich ab 1810 in Rom nieder, um die Kunst Raffaels und anderer Vorbilder zu studieren. Sie lebten als Lukasbruderschaft zunächst im St. Isidor-Kloster fast wie Mönche, die weltliche Vergnügungen mieden. Auch ihre schwarze Kleidung aus Samt mit Spitzenkragen, Barett und Degen sowie lange Haare gaben ihnen ein mittelalterliches Aussehen. Nach dem Zerfall der Gruppe kehrten Peter Joseph von Cornelius, Friedrich Wilhelm von Schadow und Julius Schnorr von Carolsfeld nach Deutschland zurück, während Johann Friedrich Overbeck und Franz Catel in Rom blieben.

Auch russische Künstler und Schriftsteller kamen nach Rom, so die Brüder Alexander und Karl Brjullow, Alexander Iwanow, Fjodor Moller und der Schriftsteller Nikolai Gogol. Sie alle schätzten die künstlerische Atmosphäre der Stadt. Zum Teil erhielten sie ein akademisches Stipendium. Zwischen den russischen und deutschen Künstlern gab es zahlreiche Kontakte, wobei die Meinung über die jeweilig andere Kunst auseinander ging. Die religiöse Mystik der Nazarener blieb den russischen Künstlern zum Teil fremd, Iwanow jedoch ließ sich stark von Overbeck beeinflussen. Franz Catel schuf 1839 im Auftrag des späteren Zaren Alexander II. Landschaftsbilder von Neapel und Venedig und 1846 weitere Gemälde für Nikolai I.

Treffpunkte russischer und deutscher Künstler

Treffpunkt der russischen Künstler war die Trattoria „Lepre" in der Via Condotti, während sich im Café „Greco" in der gleichen Straße Künstler ganz unterschiedlicher Herkunft trafen. Hier hatten sich auch Johann Wolfgang von Goethe und der Maler Johann Tischbein aufgehalten. In unzähligen Skizzen verschiedener Künstler ist das Leben dort dargestellt.

Die deutschen Künstler bevorzugten die Osteria „Scozzese" in der Via Quattro Fontane. Sie trafen sich zu improvisierten Feiern, die sie „Allegria" nannten, auch in ihren Wohnungen und Ateliers. Ein besonderes Fest feierten die deutschen Künstler ab den 1820er Jahren am ersten Mai in den Cervaro-Grotten, nahe Rom liegenden Tuffsteinhöhlen. Dieses Frühlingsfest, auch als „deutscher

1 Christus bei Maria und Martha, Ölgemälde von Friedrich Overbeck, 1812/16

NAZARENER

Eine Gruppe junger deutscher Künstler wählte zu Beginn des 19. Jahrhunderts christliche und mittelalterliche Vorbilder als Grundlage für ihre Kunst. Dabei war ihnen die Schaffung von Fresken im Sinne Raffaels ein besonderes Anliegen, was sie in der Casa Bartholdy und dem Casino der Villa Massimo in Rom verwirklichen konnten. Sie lösten dadurch eine Blüte historischer Gemälde in öffentlichen Gebäuden Deutschlands aus. Ihre Darstellungsweise verbindet eine glatte, stark idealisierte Form mit idyllischen Szenen.

1800   1810   1830   1850   1870

1830–1848/49 Zeitalter der Revolutionen in Europa

1815–1830 Wiener Kongress und Restauration

erste Hälfte 19. Jh. Künstlergruppe der Nazarener in Rom

2 Friedrich Wilhelm Schadow,
   Selbstbildnis mit seinem Bruder
   Ridolfo und mit Bertel Thorvaldsen,
   Ölgemälde, 1815.
   Die Brüder Schadow reisten 1810 nach
   Rom, wo sie den dänischen Bildhauer
   Thorvaldsen trafen.

Karneval" bezeichnet, weil sich die ausschließlich männlichen Teilnehmer verkleideten, endete meist in einem ausgedehnten Trinkgelage. Ab 1832 wurden auch nichtdeutsche Gäste dazu eingeladen, darunter Gogol und Iwanow. 1844 war mit 309 Teilnehmern der Höhepunkt dieser Festivität erreicht. Der römische Karneval hingegen war ein Spektakel, das schon länger zahlreiche ausländische Gäste anzog. Bereits 1788 hatte Goethe daran teilgenommen, 1839 wohnte Großfürst Alexander Nikolajewitsch mit großem Gefolge, darunter der Dichter Schukowski, den Karnevalsumzügen bei.

Deutsche und Russen wurden in Rom auch auf demselben Friedhof begraben, dem Testaccio am Rande Roms für Orthodoxe und Lutheraner. Hier liegen u. a. der deutsche Maler Carl Philipp Fohr und Goethes Sohn August sowie auf russischer Seite Karl Brjullow begraben. Die dortige aus dem Jahr 12 v. Chr. stammende Cestius-Pyramide, das Familiengrab des Gaius Cestius, war Thema vieler Gemälde.

3 Casa Bartholdy, Fresko, o.J.
   Der preußische Generalkonsul Bartholdy
   lud die Nazarener ein, den Zuccaro-Palast
   in Rom mit Fresken zum Leben Jesu
   auszumalen.

1890   1910   1930   **1950**

„Neue Künstlervereinigung München" (NKVM) **1909–1912**

Kandinsky und Marc: „Der Blaue Reiter" **1911–1914** **1914–1918** Erster Weltkrieg

Künstlervereinigung „Die Brücke" **1905–1913**

München, die Russen und „Der Blaue Reiter"

1 Frauenkopf, Ölgemälde auf Pappe von Alexej von Jawlensky, 1912
Schwarze Konturen, grelle Farben und sichtbare Pinselstriche sind typisch für die expressiven Gemälde Jawlenskys.

Als bedeutende Kunststadt lockte München Ende des 19. Jahrhunderts eine Reihe angehender Künstler aus Russland und Osteuropa zum Studium an. 1896 bezogen Alexej von Jawlensky (1864–1941) und die vermögende Marianne von Werefkin (1860–1938) eine Wohnung in der Giselastraße in Schwabing. Hier trafen sich vor dem Ersten Weltkrieg russische Künstler und Intellektuelle, darunter der Petersburger Kunstkritiker und Ausstellungskurator Sergei Djagilew. An der privaten Kunstschule des Slowenen Anton Ažbe lernte Jawlensky Wassili Kandinsky kennen, der nach München gekommen war, um Malerei zu studieren.

Erste Aktivitäten Kandinskys in München

1901 gründete Kandinsky einen privaten Ausstellungsverein mit Kunstschule in München. Eine seiner Schülerinnen war Gabriele Münter (1877–1962), mit der er sich 1903 heimlich verlobte, obwohl er noch verheiratet war. Das führte dazu, dass Münter und Kandinsky ab 1904 die meiste Zeit im Ausland lebten. Zwischendurch besuchte Kandinsky immer wieder Moskau und Odessa und knüpfte Kontakte zwischen beiden Ländern.

1908 ließen sich Münter und Kandinsky erneut in München nieder und entdeckten bei der Suche nach Motiven für die Freilichtmalerei den Ort Murnau am Staffelsee. Hier fanden Kandinsky, Münter und Jawlensky 1908 zu einer neuen Malerei, die einfache Formen mit leuchtenden Farben zu einem expressiven Bildausdruck verband. Vorbilder waren Vincent van Gogh, Paul Cézanne und Paul Gauguin. Marianne von Werefkin, die 1906 nach 10-jähriger Unterbrechung, in der sie sich nur um die Karriere von Jawlensky gekümmert hatte, ihre eigene Malerei wieder aufnahm, ließ sich auch von Edvard Munch beeinflussen.

Die „Neue Künstlervereinigung München"

Um ihre neue Malerei dem Publikum zu präsentieren, gründeten Kandinsky, von Jawlensky, Münter, von Werefkin u. a. 1909 die „Neue Künstlervereinigung München", kurz NKVM. 1909 und 1910 fanden jeweils Ausstellungen der NKVM

2 Franz Marc, Ölgemälde auf Karton von August Macke, 1910.
August Macke und Franz Marc lernten sich 1910 kennen und arbeiteten mit Wassili Kandinsky am Almanach „Der Blaue Reiter".

1800	1810		1830		1850		1870

1830–1848/49 Zeitalter der Revolutionen in Europa

1815–1830 Wiener Kongress und Restauration

erste Hälfte 19. Jh. Künstlergruppe der Nazarener in Rom

3 Prozession bei Ascona, Ölgemälde auf Karton von Marianne von Werefkin, um 1924. Das im Schweizer Exil entstandene Gemälde überträgt die innere Bewegtheit formal in eine aperspektivische Naturdarstellung.

RUSSISCHE AVANTGARDEKUNST

Eine der bedeutendsten künstlerischen Bewegungen in Europa am Beginn des 20. Jahrhunderts war die russische Avantgarde. Ihre führenden Vertreter waren Wassili Kandinsky und Kasimir Malewitsch. Malewitsch entwickelte durch die Auseinandersetzung mit dem Kubismus und die Rückbesinnung auf Motive russischer Volkskunst einen gegenstandslosen, abstrakten Stil (Suprematismus). Signalwirkung hatte sein „Schwarzes Quadrat" von 1915.

in der Galerie Thannhauser in München statt, in denen auch Werke französischer und russischer Künstler gezeigt wurden. Infolge der Ausstellungstätigkeit der NKVM intensivierten sich 1910 die Kontakte Kandinskys zur russischen Kunstszene, in der es mehrere moderne Strömungen gab. Die 1910 von Vertretern der NKVM in einer Ausstellung in Moskau gezeigten Werke wurden dort aber als Ausdruck westlicher Dekadenz abgelehnt.

„Der Blaue Reiter"

Negative Presseurteile über die Kunst der NKVM, die „irrsinnige Malerei der Osteuropäer", gab es auch in München. Der Münchner Maler Franz Marc ergriff Partei für die Künstlervereinigung, was 1911 zu einem persönlichen Kontakt zu Kandinsky führte. Beide beschlossen, einen Kunst-Almanach herauszugeben, der die Entwicklung in der modernen Kunst zeigen sollte. Beiträge zu so unterschiedlichen Themen wie ägyptische Kunst, bayerische Hinterglasmalerei, russische Volksbilder (russ. *Lubki*), ozeanische Masken, Kinderbilder und Musik von Arnold Schönberg sollten zusammen mit Werken von El Greco, Picasso, Delaunay, Kandinsky, Marc, Matisse und Rousseau eine neue Verbindung zwischen den Künsten vor Augen führen. Der 1912 erschienene Almanach erhielt den Titel „Der Blaue Reiter" und ist bis heute von grundlegender Bedeutung für die Auseinandersetzung mit moderner Kunst. Gleichzeitig fand 1911 eine Ausstellung unter demselben Titel in der Galerie Thannhauser und 1912 in der Kunsthandlung Goltz in München statt. Mit dem Beginn des Ersten Weltkriegs endeten diese gemeinsamen Aktivitäten.

4 Almanach „Der Blaue Reiter", 1912

1890   1910   1930   **1950**

1915 Kasimir Malewitsch: Schwarzes Quadrat

Almanach „Der Blaue Reiter" von Kandinsky und Marc **1912**

„Neue Künstlervereinigung München" (NKVM) **1909–1912**   **1914–1918** Erster Weltkrieg

Künstlervereinigung „Die Brücke" **1905–1913**   **1917** Russische Revolution

Heinrich Vogeler – von Worpswede nach Moskau

Leben und Werk des Künstlers Heinrich Vogeler (1872–1942) sind in Deutschland eng mit dem Künstlerdorf Worpswede verbunden. Ebenso bedeutsam war jedoch seine Moskauer Zeit, die ihn zum künstlerischen Botschafter zwischen der Sowjetunion und Deutschland machte.

Worpswede und der Barkenhoff

In Bremen geboren, zog der vielseitige Künstler nach dem Studium an der Kunstakademie in Düsseldorf 1895 nach Worpswede, einem kleinen Dorf nordöstlich von Bremen. Hier suchten bereits andere Maler eine neue Form des künstlerischen Ausdrucks fern der akademischen Malweise. Vogeler, der im Stil des Symbolismus und Jugendstils arbeitete, konzentrierte sich auf grafische Werke, die ihn als Illustrator für Zeitschriften und Bücher berühmt machten. 1900 übernahm er die künstlerische Leitung der in München erscheinenden Jugendstilzeitschrift „Die Insel". Sein Erfolg ermöglichte es ihm, sein Bauernhaus in Worpswede zu einer im Jugendstil ausgestatteten Villa, den Barkenhoff, umzugestalten. Sie wurde Lebensmittelpunkt für ihn und seine Familie, aber auch Treffpunkt für Künstler aller Richtungen. 1908 gründete er mit seinem Bruder Franz die „Worpsweder Werkstätten", die preiswerte Serienmöbel nach seinen Entwürfen produzierten. Ab 1910 wurde der Jugendstil zunehmend von neuen Kunstrichtungen wie dem Expressionismus abgelöst. Vogeler geriet beruflich und nachdem seine Ehe gescheitert war auch privat in eine Krise.

Kriegsdienst und Wende zum Kommunismus

1914 meldete er sich freiwillig zum Kriegsdienst, den er hauptsächlich an der Ostfront ableistete. Das Grauen des Krieges ließ ihn 1918 einen Friedensappell an den deutschen Kaiser Wilhelm II. verfassen, woraufhin er aus dem Militär entlassen wurde. In dieser Zeit wandte Vogeler sich erst dem Sozialismus, später dem Kommunismus zu. 1919 nahm er aktiv an der Novemberrevolution in Deutschland teil und verwandelte sein Haus in die „Kommune Barkenhoff". Hier sollten die Kinder von Kommunemitgliedern antiautoritär aufwachsen und im Gegensatz zum Drill der bürgerlichen Schule ihr schöpferisches Potenzial entwickeln können. Dafür schuf Vogeler pädagogische Erziehungspläne und bemalte zwischen 1920 und 1926 die Räume des Barkenhoffs mit Wandbildern zu Themen der Arbeiterbewegung.

Übersiedlung in die Sowjetunion

1918 lernte Heinrich Vogeler seine zweite Frau kennen, Sonja Marchlewska, die Tochter des bekannten polnischen Kommunisten und Revolutionärs Julian Marchlewski. 1923 reisten sie zum ersten Mal in die Sowjetunion, wo der ge-

1 Kulturarbeit der Studenten, Heinrich Vogeler, Öl auf Leinwand, 1924

JUGENDSTIL
Der auch Art Nouveau genannte internationale Stil war eine zwischen 1895 und 1914 erscheinende Reformbewegung, die hauptsächlich in der angewandten Kunst, Architektur und Grafik Ausdruck fand. Er brach mit dem traditionsverhafteten Historismus und etablierte vereinfachte geschwungene, florale oder geometrische Formen.

1895   1900   1910   1920   1930

1872 Heinrich Vogeler in Bremen geboren

1895 Abschluss des Kunststudiums und Umzug nach Worpswede

1900 Ausbau des Barkenhoffs zum Treffpunkt von Künstlern und Intellektuellen

1901 Heirat mit Martha Schröder, Geburt der ersten Tochter

1918/19 Revolution in Deutschland

1918 Januar: Protestbrief Vogelers an Wilhelm II.

1923 Erste Reise in die Sowjetunion

Scheidung und Heirat mit Sonja Marchlewska **1926**

Erster Weltkrieg **1914–1918**   **1919–1933** Weimarer Republik

2 Baku, Heinrich Vogeler,
Öl auf Leinwand, 1927

meinsame Sohn zur Welt kam. Vogeler übernahm in Moskau die Leitung der Kunstabteilung der „Kommunistischen Universität der Nationalen Minderheiten des Westens" und lehrte Malerei, Grafik und Kunstgeschichte. In seiner eigenen künstlerischen Tätigkeit entwickelte er in der Sowjetunion die sogenannten Komplexbilder, die hauptsächlich den Themen des industriellen Aufbaus und der Arbeiterklasse gewidmet waren. 1924 fand die erste Ausstellung seiner Werke in Moskau statt. Im selben Jahr trat er der Kommunistischen Partei Deutschlands (KPD) bei. 1929, nach dem Ausschluss aus der KPD aus ideologischen Gründen, ließ Vogeler sich endgültig in Moskau nieder und konnte nach der Machterlangung der Nationalsozialisten 1933 nicht mehr nach Deutschland zurückkehren. Er lebte mit seiner Familie bis 1941 in dem Haus gegenüber dem Kreml jenseits der Moskwa, das auch viele andere bedeutende Künstler und Mitglieder der sowjetischen Eliten bewohnten. Vogeler arbeitete als Architekt, Maler, Bühnenbildner und Literaturkritiker. In seinen Komplexbildern prangerte er die Nationalsozialisten an, bis er sich ab 1934 in seinem Werk dem Sozialistischen Realismus zuwandte. Von den stalinistischen Verfolgungen blieb Vogeler zunächst verschont. Noch im Mai 1941 eröffnete Wilhelm Pieck in Moskau eine Ausstellung mit dessen regimetreuen Bildern. Nach dem Überfall der deutschen Wehrmacht auf die Sowjetunion entwarf Vogeler antifaschistische Flugblätter und Rundfunkansprachen, was ihn aber nicht davor bewahrte – wie viele andere Deutsche auch – nach Kasachstan „evakuiert" zu werden. Er lebte ein Jahr in der Kolchose „Erster Mai" bei Woroschilow im Gebiet Karaganda, wo er am 14. Juni 1942 an Hunger und Entkräftung starb.

SYMBOLISMUS

Der Mitte bis Ende des 19. Jahrhunderts in der Bildenden Kunst zu findende Stil zeigt Motive aus mittelalterlichen Mythen, christlichen und historischen Themen in stark stilisierter Formensprache. Die eher melancholisch wirkenden Bilder weisen neben dem Hauptmotiv eine Reihe von symbolischen Details auf, die den Bildinhalt verstärken und Künstlichkeit erzeugen.

1940   1950   1960   **1970**

1931 Übersiedlung Vogelers nach Moskau

1941 Zwangsevakuierung nach Kasachstan; Tod Vogelers (1942)

1924–1953 Stalinherrschaft

1939–1945 Zweiter Weltkrieg

1933–1945 Nationalsozialismus in Deutschland

Deutsche Avantgardekunst in der Sowjetunion

1920 kam die erste Sammlung deutscher Avantgardekunst nach Russland. Es war die Sammlung Friedrich Wilhelm Brass, der heute 260 Grafiken, davon 20 Zeichnungen und 240 Stiche, zugerechnet werden. Darunter befinden sich Werke der Gründergeneration des Expressionismus wie Erich Heckel, Karl Schmidt-Rottluff, Otto Müller und Christian Rohlfs, aber auch Werke jüngerer Zeitgenossen wie George Grosz, Ludwig Meidner, Conrad Felixmüller u. a. Es war wohl die größte und bedeutendste Sammlung deutscher Grafik in Russland, wobei Teile an Privatsammler verkauft wurden.

1 Titelblatt des Zyklus „Revolution" von Erich Godal, Lithografie, 1929.
Die Serie „Revolution" wurde von der „Genossenschaft für proletarische Kunst" herausgegeben.

Der Kunstsammler Brass

Brass, der 1873 in Krefeld geboren wurde, stammte aus einer Familie von Textilarbeitern. Er selbst war von Beruf Möbeltischler, betrieb von 1905 bis 1908 einen Kunstsalon in Krefeld und arbeitete in einer Druckerei. Während des Ersten Weltkriegs geriet Brass in russische Kriegsgefangenschaft und kam dort mit kommunistischen Ideen in Berührung. Nach seiner Rückkehr nach Deutschland engagierte er sich im Kontext der Ereignisse 1918/19 politisch und gründete, nach dem Vorbild proletarischer Vereine wie dem „Proletarischen Theater" von Erwin Piscator, seine „Genossenschaft für proletarische Kunst".

Der Erwerb der Sammlung Brass durch Ionow

Der Ankauf der Sammlung Brass durch russische Kommunisten fand vor dem Hintergrund eines diplomatischen Zwischenfalls statt: 1920 war der Leiter der Petrograder Bolschewiken und Vorsitzende des Exekutivkommandos der Kommunistischen Internationale (Komintern) Grigori E. Sinowjew nach Halle gereist, um am Parteitag der Sozialdemokratischen Partei Deutschlands (SPD) teilzunehmen. Es war der erste offizielle Besuch eines sowjetischen Funktionärs im

2 Karl Liebknecht, 1920. Wie Godals Werke gehörten die Porträtlithografien Karl Liebknechts, die der Worpsweder Maler Arnold Schmidt-Niechciol schuf, zu den wichtigsten Projekten der „Genossenschaft für proletarische Kunst".

1895	1900	1910	1920	1930

Russische Revolution **1917**   **1922** Gründung der Sowjetunion
Revolution in Deutschland **1918/19**
„Genossenschaft für proletarische Kunst"; Ankauf der Sammlung Brass durch Ionow **1920**   **1924** „Erste Allgemeine Deutsche Kunstausstellung" in der Sowjetunion (bis 1935)
1914–1918 Erster Weltkrieg
1919–1933 Weimarer Republik

Ausland. Die deutsche Regierung sah darin jedoch eine Provokation und verwies Sinowjew und seine Delegation des Landes.

Unter den Begleitern Sinowjews war auch dessen Schwager Ilja I. Ionow (1887–1942), der seit 1918 den Staatlichen Verlag Petrograd leitete und in dieser Funktion die Verbreitung von Literatur kontrollierte. Auf der Rückreise über Berlin erwarb er mit Geldern der Komintern die Sammlung der „Genossenschaft für proletarische Kunst".

Sammlung ohne Beachtung
Die Sammlung fand in der sowjetischen Öffentlichkeit kaum Beachtung und geriet in die ideologische Auseinandersetzung zwischen den Vertretern der Petrograder Avantgarde und den Leitern der kommunistischen Partei. Während die Petrograder Avantgarde die gesellschaftliche Nützlichkeit der Kunst anstrebte, vertraten die Leiter der Kommunistischen Partei, zu denen auch Ionow gehörte, wesentlich moderatere Ansichten. Sie wurden jedoch in den Jahren 1920/21 systematisch aus politischen Leitungspositionen verdrängt. Ein fehlendes Verständnis für den deutschen Expressionismus offenbarte auch die zwischen 1924 und 1935 in Moskau, Saratow und Leningrad gezeigte „Erste Allgemeine Deutsche Kunstausstellung", die von Besuchern und der Kritik vorwiegend negativ aufgenommen wurde. Der Expressionismus wurde als Ausdruck eines dekadenten Kapitalismus aufgefasst, nicht als moderne Kunstform mit eigenständiger Formensprache. Erst mit den Reformen von Nikita Chruschtschow ab Mitte der 1950er Jahre änderte sich diese Einstellung von offizieller Seite.

2009 konnten erstmals alle bekannten Werke der Sammlung Brass in einer Gesamtausstellung im Zwölfsäulensaal der Eremitage gezeigt werden.

EXPRESSIONISMUS
Zu Beginn des 20. Jahrhunderts entstanden in der Bildenden Kunst eine Reihe von Avantgarde-Bewegungen, u. a. der Kubismus, Futurismus und Expressionismus. Letzterer begann mit der 1905 in Dresden gegründeten Künstlervereinigung „Die Brücke" und wurde von Künstlern, die sich in München um die Redaktionsgruppe des „Blauen Reiters" sammelten, getragen. Die Expressionisten verzichteten auf eine naturgetreue Wiedergabe der sichtbaren Welt, stattdessen drückten sie über grelle Farben und vereinfachte, oft schwarz umrandete Formen, Gefühle und innere Spannungen aus.

3 Titelblatt der Serie „Ich" von R. Heinrich, ca. 1918/19

4 Ilja Iljitsch Ionow (1887–1942), Porträt von Juri Annenkow, ca. 1920

1940   1950   1960   **1970**

1930er Jahre Sozialistischer Realismus wird offizieller Kunststil in der Sowjetunion

1924–1953 Stalinherrschaft

1939–1945 Zweiter Weltkrieg

1933–1945 Nationalsozialismus in Deutschland

Architektur – Modell und Wirklichkeit

Das Museum der Russischen Kunstakademie besitzt eine große Sammlung von Architekturmodellen. Die Modelle waren früher wichtig, weil es den Architekten teilweise noch nicht gelang, nur mit Hilfe von perspektivischen Zeichnungen ein Gebäude zu errichten. Heute sind die Modelle von Bedeutung, weil sie dabei helfen können, historische Bauten zu restaurieren oder wiederherzustellen.

Modelle deutscher Architekten im Museum der russischen Kunstakademie
Unter den Modellen sind auch Arbeiten von Architekten aus Deutschland und anderen europäischen Ländern, die seit dem 18. Jahrhundert in Russland tätig waren. Peter I. lud eine ganze Reihe ausländischer Architekten ein, um seinen Traum von einer neuen Hauptstadt nach westlichem Standard zu verwirklichen – das 1703 gegründete St. Petersburg.
So gibt es ein Modell der Dreifaltigkeitskirche im Alexander-Newski-Kloster, das der deutsche Architekt Theodor Schwertfeger anfertigte, der 1713 nach St. Petersburg kam. Das Modell der Kirche zeigt nur die Außenansicht im Stil des deutschen Barocks. Der Bau selbst wurde nie abgeschlossen, denn wegen technischer Fehler drohte die Kirche 1755 einzustürzen und wurde daher vorsorglich abgerissen.
Der in Russland in einer deutschen Familie geborene Georg Friedrich Veldten (1730–1801) schuf für die Parkanlagen in Zarskoje Selo Ausstattungsobjekte im chinesischen, türkischen und gotischen Stil. 1780 entwarf er das Gotische Tor, eine der ersten in Gusseisen ausgeführten Architekturarbeiten Russlands. Es wurde ein Holzmodell in Originalgröße angefertigt und in den Ural nach Jekaterinburg geschickt, wo das Tor unter Leitung von Jakow Rohde gegossen wurde.
Die meisten Architekturmodelle der Sammlung zeigen Gebäude des deutschstämmigen Architekten Konstantin Thon (1794–1881). Sein wichtigstes Gebäude, ein Symbol des orthodoxen Russlands, ist die Christi-Erlöser-Kathedrale in Moskau. Die im 19. Jahrhundert errichtete Kirche erhielt die neueste Technik in Form einer massiven Metallkonstruktion. Weiterhin baute Thon die Maria-Verkündigungskirche für das Kavallerie-Regiment von St. Petersburg, die nur noch als Modell existiert. In den 1930er Jahren riss man sie ab, um mehr Platz für den Verkehr zu schaffen.
Eine besondere historische Bedeutung hat das Sommerhaus von Baron Stieglitz im Park der Flachsspinnerei im estnischen Narwa. Der Baron Alexander L. von Stieglitz (1814–1884) war Geschäftsführer der Staatlichen Bank Russlands, Industrieller und Mäzen. Sein 1852 erbautes Sommerhaus aus Holz beherberg-

RUSSISCHE KUNSTAKADEMIE
1757 gründete Elisabeth Petrowna die „Akademie der drei edelsten Künste". Unter Katharina II. begannen die Arbeiten für ein eigenes Gebäude, die 1771 aus Geldmangel unterbrochen wurden. 1780–1788 erfolgte dann der Weiterbau unter Leitung von Georg Friedrich Veldten, der zeitweise der Akademie als Direktor vorstand. Das am Universitätskai in St. Petersburg gelegene Gebäude zeigt eine Mischung von barocken und klassizistischen Stilelementen.

| 1840 | 1850 | 1870 | 1890 | 1910 |

1838 Einweihung der Ev. Petrikirche in St. Petersburg   **1883** Einweihung der Christi-Erlöser-Kathedrale in Moskau

1825–1855 Nikolai I.   **1855–1881** Alexander II.   **1881–1894** Alexander III.   **1894–1917** Nikolai II.

te seine Gemäldesammlung und diente Zar Alexander III. bei seinem Treffen mit dem deutschen Kaiser Wilhelm II. 1890 als repräsentative Unterkunft. Das Gebäude, von dem heute nur noch die Treppen und Teile des Fundaments existieren, soll mithilfe des erhaltenen Entwurfsmodells rekonstruiert werden. Auch Entwurfsmodelle für im Ausland realisierte Bauvorhaben befinden sich in der Sammlung. Von David I. Grimm stammt das Gipsmodell für eine Kapelle in Nizza, die zur Erinnerung an den verstorbenen Thronfolger Nikolai Alexandrowitsch gebaut wurde. Sie entstand 1866 bis 1867 und ist noch heute eine Sehenswürdigkeit. David I. Grimm entwarf 1875 auch die Innenausstattung der orthodoxen Hauskirche der Großfürstin Maria Alexandrowna, Herzogin von Edinburgh, in London, von der ein Gipsmodell des Tabernakels (= Aufbewahrungsgefäß für Hostien in der katholischen Kirche) existiert.

Die Petrikirche in St. Petersburg

1867 war ein Bronzemodell der evangelischen Petrikirche am Newski-Prospekt in St. Petersburg auf der Weltausstellung in Paris zu sehen. Die Kirche war 1838 nach Plänen des deutschstämmigen Architekten Alexander Brjullow fertiggestellt worden. Im Zuge der Oktoberrevolution 1917 wurde sie verstaatlicht, 1937 von Stalin geschlossen und die wertvollen Teile der Innenausstattung wurden in die Eremitage gebracht. Zunächst diente die Kirche als Lager und Gemüsespeicher, bevor sie 1956 zu einer Schwimmhalle umgebaut wurde. 1992 an die evangelische Gemeinde zurückgegeben, fungiert sie heute als evangelische Hauptkirche Russlands.

1 Modell der evangelischen Peter-und-Paul-Kirche (Petrikirche) in St. Petersburg, Entwurf von Alexander Brjullow, Bronze, Maßstab 1 : 48, 1867

1930   1950   1970   **1990**

1917 Russische Revolution   **1937** Schließung der Petrikirche   **1956** Umbau der Petrikirche in eine Schwimmhalle   Rückgabe der Petrikirche an die evangelische Gemeinde **1992**

1919–1933 Weimarer Republik   **1933–1945** Nationalsozialismus in Deutschland

1914–1918 Erster Weltkrieg   **1939–1945** Zweiter Weltkrieg

1924–1953 Stalinherrschaft

Tanz und Theater – russische Gastspiele in Berlin

Da Theaterunternehmen seit der deutschen Reichsgründung 1871 unter die Gewerbefreiheit fielen, konnte sich das Theater frei entwickeln, was mit der Aufhebung des zaristischen Bühnenmonopols 1882 auch für Russland zutraf. Am bekanntesten wurde in Berlin das Deutsche Theater unter Otto Brahm und Max Reinhardt. In Moskau war es das Künstlertheater unter Konstantin Stanislawski und Wladimir Nemirowitsch-Dantschenko.

1 Szenenfoto aus dem Stück „Nachtasyl" von Maxim Gorki, deutsche Urauffüh-rung 23. Januar 1903, Kleines Theater Unter den Linden Berlin, Regie: Max Reinhardt

2 Theaterkostüm des Zaren Fjodor aus Alexei Tolstois Stück „Zar Fjodor Ioannowitsch", das 1898 am Moskauer Künstlertheater aufgeführt wurde

Moderne Inszenierungen als Publikumsmagneten

Zu Beginn des 20. Jahrhunderts schrieben Otto Brahm und Max Reinhardt mit ihren modernen Inszenierungen der Stücke Lew Tolstois und Maxim Gorkis Bühnengeschichte. Als das Moskauer Künstlertheater 1906 in Berlin gastierte, waren es besonders die Inszenierungen der Stücke von Anton Tschechow, die Kritiker wie Publikum und promi-nente Theaterleute beeindruckten, darunter Max Reinhardt, Gerhard Hauptmann, Arthur Schnitzler oder Eleonore Duse. Zwar wirkten die Stücke nach damaligen Maßstäben ereignislos und schlicht, aber gerade das scheint so unterschiedliche Personen wie Kaiser Wilhelm II. und den Theaterkritiker Alfred Kerr begeistert zu haben. 1907 hatte Wilhelm II. das russische Hofballett mit dem Ballettstar Anna Pawlowa und seinen klassischen Dar-bietungen wie „Schwanensee" eingeladen, doch die Resonanz auf diese traditionellen Choreographien war geteilt.

1810   1820   1840   1860   1880

Gründung des Deutschen Reichs **1871**

Aufhebung des zaristischen Bühnenmonopols **1882**

RUSSISCHES BALLETT
Die Ursprünge des Russischen Balletts reichen bis in die Zeit des westlich orientierten Zaren Alexei Michailowitsch zurück. Er förderte zwischen 1672 und 1676 die von Pastor Johann Gottfried Gregori in der Deutschen Vorstadt gegründete Theaterschule. Unter der Regie von Nikolaus Limm führten deutsche und russische Schüler Singballette im Theatersaal des Moskauer Kremls auf. Die Tradition wurde in der von Zarin Anna Petrowna 1738 in Sankt Petersburg gegründeten Tanzakademie wieder aufgenommen, während zwischenzeitlich das französische Ballett dominiert hatte.
Die Blütezeit des Russischen Balletts begann in der Spätromantik mit klassischen Choreographien, die heute noch weltweit aufgeführt werden. Ab 1909 revolutionierte Sergei Djagilew die europäische Tanzszene.

3 Anna Pawlowa, Ölgemälde von Max Slevogt, 1909. Die Balletttänzerin wird in der Rolle der Bajadere, einer indischen Tempeltänzerin, dargestellt.

Die „Ballets Russes" von Sergei Djagilew

Revolutioniert wurde der Bühentanz von Sergei Djagilew mit seinen „Ballets Russes". Der Theaterintendant hatte, schon bevor er im Mai 1910 nach Berlin in das Theater des Westens kam, in Paris Triumphe und Skandale erlebt. In seinen Ballettaufführungen wie „Les Sylphides" nach Musik von Chopin (1909) oder „Der Feuervogel", komponiert von Igor Strawinsky (1910), boten Bühnenbild, Kostüme und Tanz eine noch nie gesehene Einheit. Es folgten weitere Gastspiele in Berlin, zu deren Erfolg vor allem die beiden Stars der Kompanie, Waclaw Nijinsky und Tamara Karsawina, beitrugen. Noch nie hatte ein männlicher Tänzer so polarisiert wie Waclaw Nijinsky. Seine Verkörperung männlicher Erotik auf der Bühne übertraf alles, was bisher im Ballett üblich war. Dichter wie Robert Walser, Ludwig Rubiner, Kurt Tucholsky oder Hugo von Hofmannsthal versuchten seinen Tanz in Worte zu fassen. Georg Kolbe, Fritz Behn, Max Pechstein und Hilde Exner schufen Skulpturen zu Nijinskys Tänzen. Selbst in die angewandte Kunst fanden seine Figuren Eingang, so als Jünglingsfigur von Fritz Klimsch in das Berliner Kronprinzensilber. Der Starkult um die „Ballets Russes" regte auch die Herstellung von druckgrafischen Werken an, so etwa die 1913 im Leipziger Verlag Kurt Wolff erschienene Mappe „Das russische Ballett" von Ludwig Kainer mit sechs Lichtdrucken und acht Farblithografien.

4 Waclaw Nijinsky, Bronzeskulptur von Georg Kolbe, 1913/19

1898 Gründung des Moskauer Künstlertheaters

1906/07 Gastspiele des Moskauer Künstlertheaters und des russischen Hofballetts in Berlin

1909 Gründung der „Ballets Russes" durch Djagilew mit Gastspielen in Paris und Berlin

1917 Russische Revolution

1914–1918 Erster Weltkrieg   **1939–1945** Zweiter Weltkrieg

Deutsche Unternehmer und russische Industrie

**TECHNISCHE ERFINDUNGEN
IN ENGLAND**
1769 James Watt erhält Patent für
     Dampfmaschine
1775 erste Spinnmaschine in England
1786 erster mechanischer Webstuhl in
     England

Bereits seit dem 16./17. Jahrhundert waren moderne Produktionsverfahren wie das Brennen von Ziegelsteinen, die Branntweindestillation, das Bierbrauen oder das Schmieden von Kalt- und Feuerwaffen mit deutscher Beteiligung in Russland eingeführt worden. Der Aufbau einer Luxus- und Textilproduktion erwies sich hingegen als nicht lukrativ, weil die Nachfrage fehlte. Wer in Russland wirklich Geld für diese Produkte übrig hatte, kaufte sie aus Prestigegründen direkt im Ausland.

Stieglitz, Knoop und Wogau: drei Erfolgsgeschichten

Mit der beginnenden Industrialisierung Anfang des 19. Jahrhunderts wurde Russland zunehmend attraktiv für deutsche Unternehmer. Der aus Deutschland stammende Ludwig Stieglitz (1779–1843) hatte nach 1815 die größte Import- und Exportfirma in St. Petersburg mit Zweigstellen in Moskau, Odessa und anderen Städten aufgebaut. Ein eigenes Bankhaus, eine Zuckerfabrik, eine Stearinfabrik und die größte mechanische Baumwollspinnerei ergänzten sein Wirtschaftsimperium. 1827 beteiligte sich Stieglitz an der Gründung der ersten Feuerversicherung in Russland und 1830 gründete er die Petersburg-Lübecker-Dampfschifffahrtsgesellschaft. Er wurde 1826 zum Baron erhoben, sein Sohn übernahm 1860 die Leitung der neu gegründeten russischen Staatsbank. Der Bremer Kaufmannssohn Ludwig Knoop (1821–1894) brachte die moderne Baumwollfabrikation nach Russland. Knoop war 1839 im Auftrag der Firma Jersey aus Manchester nach Moskau gekommen. Er führte dampfbetriebene Spinnmaschinen ein und richtete 1857 bei Narwa die mit 400 000 Spindeln und 2 000 Webstühlen größte Textilfabrik der Welt ein. Der 1827 aus Frankfurt am Main eingewanderte Maximilian von Wogau (1807–1880) hingegen wurde durch seinen Kolonialwarenhandel mit Tee, Zucker und Baumwolle bekannt. Obwohl die meisten deutschstämmigen Unternehmer ihr Kapital in Russ-

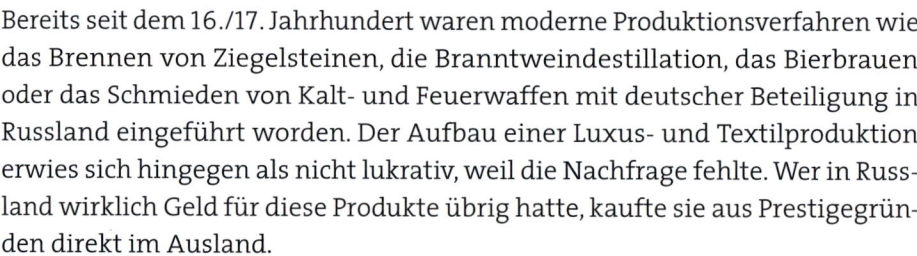

1 Allegorische Darstellung zum Bau der Telegrafenlinien in Russland mit Porträts von Werner von Siemens und Johann Georg von Halske, Lithografie von L. Burger, 1855

1760   1780   1800   1820   1840

1814 Stevenson baut in England die erste Lokomotive

1835 erste deutsche Eisenbahn-
        linie Nürnberg-Fürth

1837 erste russische Bahnlinie
        St. Petersburg – Zarskoje Selo

Bahnlinie St. Petersburg – Moskau **1841**

land anlegten und so die wirtschaftliche Entwicklung des Landes förderten, nahm man ihr Engagement zunehmend als Bedrohung wahr. Besonders die Moskauer Textilfabrikanten standen deutschen Aktivitäten ablehnend gegenüber. Die Konkurrenz der Engländer und Franzosen war wesentlich geringer, weil sie die russischen Kundenwünsche nicht gut genug kannten. Seit den 1870er Jahren begann die russische Regierung Schutzzölle zur Förderung der eigenen Industrie zu erlassen. Um die Zölle zu umgehen, gründeten deutsche Firmen eigene Niederlassungen in Russland, so die elektrotechnischen Firmen Siemens und AEG, die Chemieunternehmen Bayer, BASF und Hoechst, die Maschinenbetriebe M. A. N., Daimler, Bosch, Henschel, Hanomag und Klöckner-Humboldt-Deutz sowie die Stahl- und Kohlefirmen Krupp, Mannesmann und Thyssen. Sie wollten an der Erschließung und Verarbeitung der großen Rohstoffvorkommen Russlands teilhaben.

Erster Weltkrieg und Revolution

Der Erste Weltkrieg wirkte sich dramatisch auf die russische Wirtschaft aus, weil die fehlenden Importe aus Deutschland zu Versorgungslücken führten. Viele deutschstämmige Russen verloren ihre Firmen, da man ihre Loyalität mit Russland in Zweifel zog und so lästige Konkurrenz beseitigen konnte. Reichsdeutsche Firmen wurden erst nach der Revolution 1917 liquidiert.

2 Viereinhalbtonner-LKW vor dem Kreml, Werbeanzeige der Daimler-Motoren-Gesellschaft für Russland, 1912/13

DIE RUSSISCHE BEVÖLKERUNG IM 19. JH.
1833 lebten weniger als zwei Millionen Russen in Städten, davon 445 000 in St. Petersburg und 333 000 in Moskau. 1855 hatte Russland etwa 59 Millionen Einwohner, von denen 930 000 Personen zum Adel gehörten. In den 1880er Jahren besuchten nicht mehr als zehn Prozent der russischen Kinder eine Schule. 1897 gab es bereits 116 Millionen Einwohner, von denen zwei bis drei Millionen in der Industrie tätig waren.

3 Prunktelegraf der Firma Siemens & Halske, hergestellt in Berlin 1859, Bronze, Stahl, Stoff, Guss, ziseliert. Der Prunktelegraf wurde in den Paraderäumen des Winterpalastes von St. Petersburg aufgestellt und von Alexander II. für vertrauliche Mitteilungen genutzt.

1880 · 1900 · 1920 · 1940 · **1960**

1861 Aufhebung der Leibeigenschaft in Russland
1867 Siemens entdeckt das dynamo-elektrische Prinzip
1891 Baubeginn der Transsibirischen Eisenbahn

1830–1914 Zeitalter der Nationalismus   **1914–1918** Erster Weltkrieg

Der Erste Weltkrieg

1 Kaiser Wilhelm II. links in russischer Uniform und Zar Nikolai II. in preußischer Uniform, Fotografie, zwischen 1905 und 1910

Für Russland und Deutschland brachte der Erste Weltkrieg tiefgreifende Veränderungen ihrer politischen Systeme: In Russland endete mit dem Sturz des Zaren 1917 die 300-jährige Alleinherrschaft und die Bolschewiki führten das Rätesystem ein. In Deutschland bildete sich nach der Revolution 1918/19 eine parlamentarische Demokratie heraus.

Kriegsbeginn

Wie in fast allen beteiligten Ländern führte die nationale Begeisterung zu Kriegsbeginn 1914 auch in Russland und Deutschland zu einer überwältigenden Unterstützung von Zar bzw. Kaiser. Jedoch währte diese Phase in Russland besonders kurz, weil die zunächst erfolgreiche russische Offensive in Ostpreußen mit der Schlacht bei Tannenberg (August 1914) ins Stocken geriet. Man hatte mit einem Krieg von drei bis sechs Monaten Dauer gerechnet, doch nun mussten der Mobilmachung von fünf Millionen Soldaten weitere Millionen Reservisten folgen. Nikolai II. hatte den militärischen Oberbefehl übernommen, war damit aber völlig überfordert.

Nun wurde auch die strukturelle Schwäche des Russischen Reichs unübersehbar: Es entwickelte sich eine dramatische Versorgungskrise und in deren Folge kam es zu inneren Unruhen. Auch die nach der Deportation von in Kriegszeiten als unzuverlässig geltenden Bevölkerungsgruppen (z.B. Deutsche, Juden) und der erzwungene Arbeitseinsatz von Muslimen aus Zentralasien führten zu Aufständen. Die Infrastruktur brach fast völlig zusammen, während die in

2 Russische Kinderzeichnung, Privatsammlung Wassili Woronow 1915 / 1916, 2012 erstmals als historisches Dokument in Moskau ausgestellt

1898 Gründung der Sozialdemokratischen Arbeiterpartei Russlands

Streiks und Revolution in Russland **1905**

1888–1918 Wilhelm II.

1894–1917 Nikolai II.

Petrograd (St. Petersburg) verbliebene
Zarin Alexandra ihre Regierungsver-
antwortung nicht wahrnahm. Ihr und
den deutschstämmigen Mitgliedern
der Zarenfamilie wurde mangelnde
Loyalität vorgeworfen.
Bald standen kurländische, litauische,
weißrussische und ukrainische Territorien unter deutschem Kommando
und erhielten 1916 einen halbautono-
men Status. Aus diesen Gebieten bezog Deutschland große Nahrungsmengen
und zwangsrekrutierte Arbeiter, während Russland von innen heraus zu zer-
fallen begann.

Die Russische Revolution 1917

Streiks und Unruhen, an denen sich Soldaten und Matrosen beteiligten, kün-
digten die Revolution an. Der Zar musste im Februar auf Druck der Generalität
auf den Thron verzichten, während die Regierungsgewalt auf den Petrograder
Sowjet und die liberal-gemäßigte Provisorische Regierung überging.
Mit der anhaltenden Krise und der Rückkehr Lenins aus dem Schweizer Exil
entwickelte die Revolution eine eigene Dynamik. Die deutsche Regierung war
an der weiteren Schwächung Russlands interessiert und hatte Lenin bei seiner
Rückkehr unterstützt. Sie hoffte auf die Fortsetzung der Revolution und einen
Separatfrieden mit Russland, um die Westfront angesichts des bevorstehenden
Kriegseintritts der USA zu stärken.
Den Bolschewiki unter Lenin gelang es innerhalb weniger Wochen, die auf-
ständischen Arbeiter in Petrograd zu organisieren, sodass sie bei den Wahlen
im September erdrutschartige Siege verzeichnen konnten. Eine Mehrheit der
Bolschewiki stimmte schließlich für den Staatsstreich: In der Nacht zum 26.
Oktober 1917 drangen bewaffnete Einheiten in den Winterpalast ein und
stürzten die Regierung. Lenin verkündete als Vorsitzender des Rates der Volkskommissare unmittelbar danach einen baldigen Friedensschluss und das Recht
der Bauern auf ihr Land. Dies führte dazu, dass die oft aus Bauernfamilien
stammenden Soldaten massenhaft desertierten und in ihre Heimatdörfer
zurückkehrten.
1917 begannen in Brest-Litowsk die Friedensverhandlungen, in deren Verlauf
am 9. Februar 1918 das Deutsche Reich einen Separatfrieden mit der Ukraine
schloss und am 3. März Deutschland und Sowjetrussland einen Friedensvertrag
unterzeichneten.

3 Lenins Ankunft auf dem Finnischen
Bahnhof in Sankt Petersburg im April
1917, Fotografie W. Ljubimow. Hinter
Lenin ist aus Propagandagründen nach-
träglich Stalin ins Bild retuschiert.

WLADIMIR ILJITSCH LENIN
Der 1870 als Wladimir Iljitsch Uljanow
in Simbirsk geborene Rechtsanwalt
setzte sich für die Befreiung der
Arbeiterklasse ein. Er studierte in der
sibirischen Verbannung den Marxis-
mus und lebte 1900–1905 im Exil in
London, München und Genf. Auf dem
2. Kongress der Sozialdemokratischen
Arbeiterpartei Russlands 1903 forderte
Lenin die Diktatur des Proletariats
durch eine Elite-Partei. 1905 erfolgte in
London der Beschluss des bewaffneten
Umsturzes und der Bildung von
Arbeiterräten (Sowjets). 1917 aus dem
Exil zurückgekehrt, beeinflusste er die
Revolution bis zu seinem Tod 1924.

4 Die russische Verhandlungsdelegation
in Brest-Litowsk mit Adolf Joffe (ganz
rechts), links Josef Lipski, daneben Leo
Trotzki. Die vierte Person ist nicht eindeutig zuzuordnen. Fotografie, 1917

1915 1920 1925 1930 **1935**

26.–30.8.1914
Schlacht bei Tannenberg

1917 Friede von Brest-Litowsk, Kriegseintritt der USA

26.10./7.11.1917 Russische Revolution

1919–1933 Weimarer Republik

1914–1918 Erster Weltkrieg

1922–1991 Sowjetunion

Der Zweite Weltkrieg

In den 1920er Jahren war es neben der diplomatischen Annäherung Sowjetrusslands und Deutschlands (Vertrag von Rapallo, 1922) zu einem beachtlichen Kulturaustausch zwischen beiden Ländern gekommen, der vor allem avantgardistische Strömungen in der Architektur und bildenden Kunst betraf. Mit der Machtergreifung der Nationalsozialisten brach diese positive Entwicklung jedoch ab. Die meisten führenden deutschen Sozialisten und Kommunisten mussten ins Ausland fliehen. Viele fanden in Moskau Asyl, von wo aus sie gegen die Verhältnisse im nationalsozialistischen Deutschland agierten. Sie hatten, wenn sie nicht stalinistischen Säuberungsaktionen zum Opfer gefallen waren, im späteren Nachkriegsdeutschland bedeutende politische Positionen inne.

Hitler-Stalin-Pakt

Trotz der ideologisch begründeten Feindschaft zwischen den beiden Machtsystemen kam es im August 1939 zum Hitler-Stalin Pakt, in dessen geheimem Zusatzprotokoll die jeweiligen Interessensphären der beiden Diktatoren abgesteckt wurden (siehe Kartendokument S. 118f.). Auf dieser Grundlage erfolgten zwischen 1939 und 1940 zahlreiche Umsiedlungsaktionen deutscher Minderheiten, die unter der Parole „heim ins Reich" standen. Dies betraf auch die Baltendeutschen, die seit dem Mittelalter als Grundherren oder Bürger in den Städten Estlands und Lettlands, dem früheren Livland, ansässig waren und in der Geschichte Russlands seit der frühen Neuzeit als Militärs, Kaufleute, Handwerker, Wissenschaftler, Politiker, Minister, Generäle und Admiräle eine große Rolle spielten. 1940 wurden die baltischen Staaten wieder von der Sowjetunion annektiert.

Überfall auf die Sowjetunion

Entgegen der vertraglichen Vereinbarung von 1939 griff die deutsche Wehrmacht am 22. Juni 1941 die Sowjetunion ohne Kriegserklärung an und leitete damit die größte Katastrophe im Verhältnis zwischen Russen und Deutschen ein. Die nationalsozialistische Ideologie des „arischen Herrenmenschen" und des „neuen Lebensraums im Osten" führte zu einem beispiellosen Vernichtungskrieg. Das „Unternehmen Barbarossa" sollte binnen weniger Monate mit der Eroberung Moskaus und St. Petersburgs abgeschlossen sein. Es endete jedoch, nach unfassbaren Zahlen an Opfern in der Zivilbevölkerung und unter den Soldaten auf beiden Seiten, in der bedingungslosen Kapitulation des Deutschen Reiches am 8. Mai 1945.

Hitler und seine Generäle hatten die Weite der Sowjetunion sträflich unter- und die eigenen Möglichkeiten weit überschätzt. Hilfslieferungen durch die USA,

TEILUNG POLENS 1939

In dem geheimen Zusatzprotokoll des Hitler-Stalin-Pakts war die Teilung Polens festgelegt worden. 1939 besetzte die Sowjetunion den Ostteil Polens, was mit Enteignung, Kollektivierung der Landwirtschaft und Massendeportationen potenzieller Gegner einherging. Die Erschießung von 23 000 polnischen Offizieren und Beamten, 4 400 davon in Katyn, ist dabei bis heute von politischer Brisanz. Die deutsche Besatzung in Polen war mit der Ermordung der jüdischen Bevölkerung, der Verhaftung der polnischen Intelligenz und Zwangsumsiedlungen nicht weniger grausam.

1 „Rote Bajonette gegen Europa", Titelbild der Zeitschrift „Die Wehrmacht" mit einem antibolschewistischen Propagandabericht über den Spanischen Bürgerkrieg, 1937

die Kapazitäten der hinter den Ural zurückverlegten sowjetischen Rüstungs-
industrie, das Potenzial an Menschen und vor allem der Widerstandswille und
die Leidensfähigkeit des russischen Volkes und der Roten Armee im „Großen
Vaterländischen Krieg" führten zum Sieg der Sowjetunion.

Das brutale, menschenverachtende Vorgehen der deutschen Wehrmacht, die
Gräueltaten der SS-Verbände und der Sondereinsatzgruppen gegen die sowjetische Zivilbevölkerung und die Kriegsgefangenen, aber auch die Zerstörung
kultureller Werte ist tief im kollektiven Gedächtnis der Russen verankert. Die
Taktik der „verbrannten Erde" beim Rückzug der deutschen Truppen und die
antifaschistische Propaganda in der Sowjetarmee taten dann ein Übriges, dass
es beim Vorrücken der Front nach Westen zu Racheakten an der deutschen
Zivilbevölkerung kam.

Ergebnis des Krieges im Osten waren eine Neugestaltung der politischen Karte des östlichen Mitteleuropas, die Teilung Deutschlands und der Tod von 20 bis
30 Millionen Sowjetbürgern, unter ihnen 11,4 Millionen Soldaten der Roten
Armee, von denen 8,4 Millionen bei Kampfhandlungen und drei Millionen in
deutscher Gefangenschaft umkamen. Auf deutscher Seite fielen an der Ostfront
2,7 Millionen Soldaten, 1,1 Millionen sind nicht mehr aus russischer Gefangenschaft zurückgekehrt.

2 „Mutter Heimat ruft!", Sowjetisches
Propagandaplakat, 1941

3 Angehörige finden die Mordopfer der
deutschen Besatzung, Kertsch (Krim),
Fotografie, Januar 1942

Karten zum Zweiten Weltkrieg
→ S.116 f.

1930   1935   1940   1945   1950   **1955**

Hitler-Stalin-Pakt (23.8.); deutscher
Überfall auf Polen (1.9.) **1939**

1940 Sowjetische Annexion der baltischen Republiken

1943 Niederlage der deutschen Armee bei Stalingrad (2.2)

Deutscher Überfall auf die Sowjetunion (22.6.) **1941**

7./9.5.1945 Deutsche Kapitulation

1933–1945 Nationalsozialismus in Deutschland

1939–1945 Zweiter Weltkrieg

1924–1953 Stalinherrschaft

Verhaltene Freundschaft

1 Werbeplakat zum deutsch-sowjetischen Freundschaftsmonat des Jahres 1952

Die Annäherung von Siegern und Besiegten bzw. „Befreiten", beide durch die Schrecken des Krieges traumatisiert, hatte in der sowjetisch besetzten Zone Deutschlands (SBZ) eine besondere Qualität. Anders als in den Zonen der Westalliierten, vor allem in der amerikanischen Besatzungszone, schlug den „Russen" eine latente und manchmal auch offene Ablehnung entgegen.

Kulturpolitik

Die Bemühungen der Sowjetischen Militäradministration (SMAD), die deutsche Bevölkerung zu versorgen und das Alltagsleben zu normalisieren, fand wenig Anerkennung, obwohl sprachkundige und gebildete sowjetische Kulturoffiziere für einen Neubeginn sorgten, der weit über das zu Erwartende hinausging. Theater- und Filmvorführungen, Rundfunksendungen, Konzerte und Ausstellungen wurden in kürzester Zeit organisiert. Schriftsteller und Intellektuelle kehrten aus dem Exil in die SBZ zurück und selbst nationalsozialistisch belastete Künstler wurden, trotz amerikanischer Kritik, willkommen geheißen. Die Kulturpolitik war das Aushängeschild für die geistige Wiedergeburt Deutschlands unter sozialistisch-antifaschistischen Vorzeichen. Bei der Postenvergabe wurden die repräsentativen Funktionen meist bürgerlichen Intellektuellen überlassen, während die ideologische Leitung deutsche Kommunisten aus dem sowjetischen Exil übernahmen. Die mangelnde Akzeptanz der sowjetischen

Karten zu Mitteleuropa und Berlin nach 1945 → S. 120

1945 1950 1955 1960 1965

1946 Zwangsvereinigung KPD und SPD in der SBZ 1956 Volksaufstand in Ungarn 13.8.1961 Bau der Berliner Mauer
1948/49 Berlin-Blockade
7.10.1949 Gründung der DDR 1953 Tod Stalins (5.3.); Volksaufstand in der DDR (17.6.)
8.5.1949 Gründung der Bundesrepublik Deutschland 1953–1964 Regierung Nikita Chruschtschow
1949–1971 Regierung Walter Ulbricht in der DDR

Kulturpolitik durch weite Kreise der Bevölkerung war auch in der stalinistischen Realpolitik mit ihren zahlreichen Verbots- und Zensurmaßnahmen begründet.

Realpolitik

Belastet wurde das deutsch-sowjetische Verhältnis durch politische Maßnahmen wie die Zwangsvereinigung von KPD und SPD zur SED 1946, aber auch durch die Frage nach Entlassung der Kriegsgefangenen und der Reparationsverfügungen. Gleichzeitig verschärfte sich zwischen den Siegermächten das politische Klima und die sowjetische Blockade des Zugangs nach Berlin 1948 machte deutlich, dass der Ostteil Deutschlands auf Dauer in den sowjetischen Machtbereich eingegliedert werden sollte. Dazu wurden die politischen Strukturen der SBZ an das sowjetische Modell mit einer marxistisch-leninistischen Kaderpartei angeglichen. Mit der Gründung der Deutschen Demokratischen Republik (DDR) im Jahr 1949 übergab die SMAD ihre kulturellen Aufgaben in die Hände der deutschen Verantwortlichen. Der ideologische Einfluss der Sowjetunion nahm danach aber eher noch zu.

Freundschaft

Ein Übermaß an Propaganda und die Sowjetisierung der Alltagskultur trugen neben Versorgungsmängeln und Normerhöhungen auch zum Aufstand am 17. Juni 1953 bei, der mit Hilfe von sowjetischen Panzern niedergeschlagen wurde. Nach Stalins Tod reduzierte sich das Ausmaß der Propaganda. Der Ungarische Aufstand 1956, der Mauerbau 1961 und der Einmarsch der Truppen des Warschauer Paktes in Prag 1968 zementierten den absoluten Machtanspruch der Sowjetunion und führten nicht zu einer Verbesserung der deutsch-sowjetischen Freundschaft. Obwohl 45 Jahre lang hunderttausende Rotarmisten auf dem Territorium der DDR kaserniert waren, entwickelte sich eine echte Völkerfreundschaft abseits offizieller Veranstaltungen kaum.

1988 war fast die gesamte berufstätige Bevölkerung der DDR mit 6,4 Millionen Menschen in der Deutsch-Sowjetischen Freundschaft organisiert. Bei aller politischen Dominanz und kulturellen Bemühungen waren die Ostdeutschen aber nicht für einen „Soviet way of life" zu gewinnen.

2 Ein Beispiel für ein DDR-Plakat der 1950er Jahre, auf dem das Lernen von der Sowjetunion propagiert wurde.

3 Die Kosmonauten Bykowski (UdSSR) und Jähn (DDR) nach der Rückkehr auf die Erde in Kasachstan am 3.11.1978, Fotografie

| 1975 | 1980 | 1985 | 1990 | **1995** |

1968 Niederschlagung des „Prager Frühlings" durch sowjetische Truppen

1989/90 Friedliche Revolution in der DDR

1991 Auflösung der Sowjetunion

1964–1982 Regierung Leonid Breschnew

1985–1991 Regierung Michail Gorbatschow

1971–1989 Regierung Erich Honecker in der DDR

„Niemand hat die Absicht, eine Mauer zu errichten"

Die Berliner Mauer war der Inbegriff der deutschen Teilung und des Kalten Krieges. Vom 13. August 1961 bis zum 9. November 1989 teilte sie die Stadt und zeigte den Konflikt der Supermächte USA und Sowjetunion wie in einem Brennglas. Nach dem Ende des Zweiten Weltkriegs unterlag Berlin dem Vier-Mächte-Status. In den amerikanischen, englischen und französischen Sektoren, also im Westteil Berlins, etablierte sich rasch ein freiheitliches Gesellschafts- und Wirtschaftssystem. Dieser Westteil Berlins lag mitten in der 1949 gegründeten und unter sowjetischem Einfluss stehenden DDR. Damit hatte Berlin einen Front-Charakter im Kalten Krieg, der immer wieder zu Krisen führte.

Die erste Berlin-Krise

1948 wollte Stalin die Gründung eines westdeutschen Staates verhindern. Als Reaktion auf die Währungsreform im Westen verhängte er eine Blockade über West-Berlin und ließ alle Zugangswege über Land abriegeln. In dieser Krisensituation organisierte der amerikanische Militärgouverneur Lucius D. Clay eine Luftbrücke der Westalliierten zur Versorgung der West-Berliner Bevölkerung. Diese Luftbrücke verstärkte die Sympathien zwischen den Westalliierten und den in ihrem Besatzungsgebiet lebenden Deutschen.

1952 gab es im Moskauer Außenministerium Überlegungen, die Berliner Sektorengrenze bis auf wenige bewachte Kontrollpunkte zu schließen. Die DDR hatte in diesem Jahr in Absprache mit der Sowjetunion die Bewachung der innerdeutschen Grenze verschärft. Daher war eine gefahrlose Flucht in den Westen nur noch in Berlin möglich. Im Juni 1952 flohen 22 000 Menschen nach West-Berlin, in der zweiten Jahreshälfte über 76 000. Doch zur Abriegelung West-Berlins kam es wegen des unerwarteten Todes Josef Stalins am 5. März 1953 nicht.

1955 erhielt die BRD mit den Pariser Verträgen ein hohes Maß an nationaler Souveränität und trat der NATO und der Westeuropäischen Union bei. Durch die Gründung des Warschauer Paktes 1955, dem sich die DDR anschloss, festigte sich die Teilung Deutschlands, das nun auch zwei unterschiedlichen Sicherheitsbündnissen angehörte. Eine Wiedervereinigung hatte kaum Chancen, zumal die Sowjetunion 1958 eine Wiedervereinigung auf dem von den Westalliierten geforderten Weg, nämlich in freien Wahlen unter internationaler Kontrolle, ablehnte. Wirtschaftlich entwickelten sich die beiden deutschen Staaten weiter auseinander, wobei Versorgungsprobleme und die repressive DDR-Politik dazu führten, dass immer mehr Menschen aus der DDR flohen. Dies führte zu einem zunehmenden demografischen Verlust von arbeitsfähigen, meist gut ausgebildeten Fachkräften.

LUFTBRÜCKE

Dic Blockade Berlins 1948/49 riegelte alle Verkehrswege und Lieferungen von und nach West-Berlin über Land ab. Der Berliner Bürgermeister Ernst Reuter appellierte an die internationale Öffentlichkeit: „Ihr Völker der Welt! Schaut auf diese Stadt". Von Juni 1948 bis Mai 1949 versorgten britische und amerikanische Flugzeuge die 2,5 Mio. Berliner mittels einer Luftbrücke. In Spitzenzeiten landeten an einem einzigen Tag 1398 Flugzeuge mit 12 849 Tonnen Fracht in Tempelhof, Tegel, Gatow und mit Flugbooten auf dem Wannsee. Die Frachtmaschinen, Rosinenbomber genannt, brachten unter anderem ein komplettes Kraftwerk zur Stromversorgung nach Berlin.

1945	1950	1955	1960	1965

1946 Zwangsvereinigung KPD und SPD in der SBZ   **1956** Volksaufstand in Ungarn   **13.8.1961** Bau der Berliner Mauer

1948/49 Berlin-Blockade

7.10.1949 Gründung der DDR   **1953** Tod Stalins (5.3.); Volksaufstand in der DDR (17.6.)

8.5.1949 Gründung der Bundesrepublik Deutschland   **1953–1964** Regierung Nikita Chruschtschow

1949–1971 Regierung Walter Ulbricht in der DDR

1 Besuch Bundeskanzler Adenauers in der
Sowjetunion, Fotografie 1955.
Von links nach rechts:
der Vorsitzende des Ministerrats der
UdSSR N. A. Bulganin, Bundeskanzler
Konrad Adenauer, das Mitglied im Obersten Sowjet Nikita Chruschtschow, der
deutsche Staatssekretär im Außenministerium Hallstein

Die zweite Berlin-Krise und der Mauerbau

Stalins Nachfolger als sowjetischer Regierungschef Nikita Chruschtschow
wollte der Massenflucht aus der DDR bereits 1958 Einhalt gebieten, was zur
zweiten Berlin-Krise führte. Die Sowjetunion wollte den Vier-Mächte-Status
Berlins kündigen: Chruschtschow erklärte 1958 öffentlich, dass West-Berlin
zur Hauptstadt der DDR gehöre und stellte den Westalliierten ein Ultimatum
für den Abschluss eines Friedensvertrages mit Deutschland. Sollten die Westmächte nicht innerhalb eines halben Jahres West-Berlin räumen, drohte er mit
Krieg. Dieses Ultimatum ließen die Westmächte verstreichen, doch signalisier-
ten sie 1959 Verhandlungsbereitschaft. Chruschtschow, der sich noch mehr
erhoffte, antwortete nicht. Der 1960 gewählte amerikanische Präsident
John F. Kennedy zeigte sich abermals bereit, mit der Sowjetunion Gespräche
zur Klärung der Berlin-Frage aufzunehmen, bestand aber auf dem alliierten
Berlin-Status. Damit war Chruschtschows Versuch, den Status West-Berlins
anzugreifen, gescheitert.

Seit 1961 hatte der SED-Chef Walter Ulbricht aufgrund der anhaltenden Massenflucht aus der DDR einen Geheimplan zur Abriegelung der Berliner Sekto-
rengrenzen entwickelt, der schließlich auch die Zustimmung Chruschtschows
fand. Während Ulbricht öffentlich behauptete, niemand habe die Absicht, eine
Mauer zu errichten, begann am 13. August 1961 der Bau der Mauer, die nach
offizieller Darstellung dem Schutz vor einem militärischen Überfall dienen
sollte. Bis zum Frühjahr 1962 versuchte man zusätzlich den Flugverkehr nach
Berlin zu behindern. Der Status West-Berlins blieb jedoch durch die USA ga-
rantiert.

2 Der Vorsitzende des Ministerrats der
UdSSR A. N. Kosygin und Bundeskanzler
Willy Brandt bei der Unterzeichnung der
sowjetisch-deutschen Verträge im Kreml,
12. 8. 1970

OSTVERTRÄGE DER BUNDESREPUBLIK
DEUTSCHLAND
   1970 Moskauer Vertrag mit der
        Sowjetunion
   1970 Warschauer Vertrag mit Polen
   1971 Berlin-Abkommen (Vier-Mächte-
        Abkommen)
   1972 Grundlagenvertrag mit der DDR

1975   1980   1985   1990   **1995**

1968 Niederschlagung des „Prager Frühlings" durch sowjetische Truppen

1989/90 Friedliche Revolution in der DDR;
deutsche Wiedervereinigung

1991 Auflösung der Sowjetunion

1964–1982 Regierung Leonid Breschnew

1985–1991 Regierung Michail Gorbatschow

1971–1989 Regierung Erich Honecker in der DDR

Kulturgüter im Krieg

Achtung und Wertschätzung des kulturellen Erbes anderer Völker ist ein entscheidendes Fundament friedlicher Beziehungen zwischen den Nationen. Das galt über Jahrhunderte auch wechselseitig für Russen und Deutsche, bis im Zweiten Weltkrieg diese völkerrechtliche Maxime durch verbrecherisches Handeln außer Kraft gesetzt wurde.

Kunstraub

Der ideologisch motivierte Kunstraub und die böswillige Vernichtung von Kulturgut durch deutsche Truppen und Einsatzgruppen in den besetzten Gebieten der Sowjetunion zwischen 1941 und 1944

1 Restaurierungswerkstatt in Nowgorod. In den gestapelten Tabletts Putzfragmente mit Resten der Ausmalung der byzantinischen Kreuzkuppelkirche von 1352 auf dem Wolotower Feld bei Nowgorod, die 1941 bei Kriegshandlungen zu 95 % zerstört wurde.

haben ihren festen Platz im kollektiven Gedächtnis des russischen Volkes. Nach heutigem Wissen waren von diesen Verbrechen auf ehemals sowjetischem Territorium insgesamt 427 Museen (123 davon in Russland), 1670 orthodoxe Kirchen und Klöster sowie 3980 Bibliotheken betroffen. Die Nachforschungen nach verschlepptem Kulturgut begannen noch vor Ende des Krieges, und bald nach 1945 gelangte ein Teil davon wieder an seinen Herkunftsort zurück. Im Vergleich zu der Auflistung in den seit 1999 veröffentlichten 18 Bänden des „Zusammenfassenden Kataloges der Kulturschätze der Russischen Föderation, die während des Zweiten Weltkrieges verloren und gestohlen wurden" war der Verlust jedoch enorm.

Im Gegenzug zum deutschen Kunstraub setzte die Rote Armee „Trophäenkommissionen" ein, die unmittelbar nach Kriegsende in der Sowjetischen Besatzungszone Kunst- und Kulturgut in großem Umfang requirierten und zur Kompensation der eigenen Verluste nach Leningrad und Moskau transportierten. Zwischen 1955 und 1958 restituierte der Oberste Sowjet vorgeblich alle abtransportierten Kulturgüter an die Deutsche Demokratische Republik. Die ostdeutsche Museumslandschaft entstand damit wieder und das, was noch vermisst wurde, galt als endgültig verloren.

Kulturgüterabkommen

Im Verlauf von Glasnost und Perestroika stellte sich allerdings heraus, dass noch immer bedeutende Museumsbestände, Archivalien und Bücher in Russland lagern, die der Geheimhaltung unterlagen. In einem bilateralen Kulturabkommen wurde 1992 schließlich völkerrechtsverbindlich die Rückgabe der „kriegsbedingt unrechtmäßig verbrachten Kulturgüter" vereinbart. Dieses „Kulturgüterabkommen" wurde jedoch 1999 durch ein Gesetz der Staatsduma

2 Aus Bruchstücken zusammengefügte und in der wieder aufgebauten Mariä-Entschlafens-Kirche am ursprünglichen Platz angebrachte Malereien des 14. Jh.

1910   1920   1930   1940   1950

Restitution von Kulturgütern durch den Obersten Sowjet an die DDR **1955/1958**

1939–1945 Zweiter Weltkrieg

außer Kraft gesetzt, indem man die noch in Russland befindlichen deutschen Kulturgüter unter dem Aspekt der Kompensation für die eigenen Verluste entgegen internationalem Recht zu russischen Eigentum erklärte. Nur vormals jüdischer und kirchlicher Besitz waren davon ausgenommen. Seither stagnieren die Verhandlungen auf Regierungsebene zum Thema kriegsbedingt verlagerter Kunst- und Kulturgüter.

Auf fachlicher Seite hingegen machte in den letzten Jahren die vertrauensvolle Zusammenarbeit zwischen deutschen und russischen Museen und Kultureinrichtungen enorme Fortschritte. Vereinzelte Rückgabe- oder Wiedergutmachungsaktionen, wie die Rückgabe der Fenster aus der Marienkirche in Frankfurt/Oder durch Russland, die Restitution (= Rückgabe) der Bernsteinpaneele und die Rekonstruktion des Bernsteinzimmers in Peterhof bei St. Petersburg oder die Wiederherstellung der Mariä-Entschlafens-Kirche auf dem Wolotower Feld bei Nowgorod durch Deutschland sind Meilensteine und zugleich Modelle bei der Bewältigung der gemeinsamen Vergangenheit, die optimistisch für die Zukunft stimmen.

Unter Ausblendung der unterschiedlichen Rechtsauffassungen zwischen Russland und Deutschland veranstalteten russische und deutsche Museen gemeinsame Ausstellungen in Moskau und St. Petersburg, die auch der detaillierten Bestandsaufnahme und gemeinsamen wissenschaftlichen Bearbeitung der bis dahin vermissten Museumsobjekte dienten.

Die russische Seite erhofft sich durch die Zusammenarbeit mit dem in Berlin initiierten Deutsch-Russischen Museumsdialog und anderen deutschen Institutionen Informationen zum Schicksal und Verbleib ihrer eigenen verschollenen Kunst- und Kulturgüter. Eine abschließende und für beide Seiten annehmbare Regelung der Frage kriegsbedingt verlagerten Kunst- und Kulturgutes steht bislang jedoch noch aus. Wie auch immer eine solche Lösung eines Tages aussehen mag, sie zu finden sind Russen und Deutsche der langen gemeinsamen Geschichte ihrer Völker schuldig.

3 Eines von 117 Bleiglasfenstern aus dem Chor der Marienkirche in Frankfurt/O., 83 x 43 cm, 1360/1370.
Die lange als Kriegsverlust verzeichneten Fenster gelangten 2002 und 2008 aus Russland an ihren ursprünglichen Standort zurück.

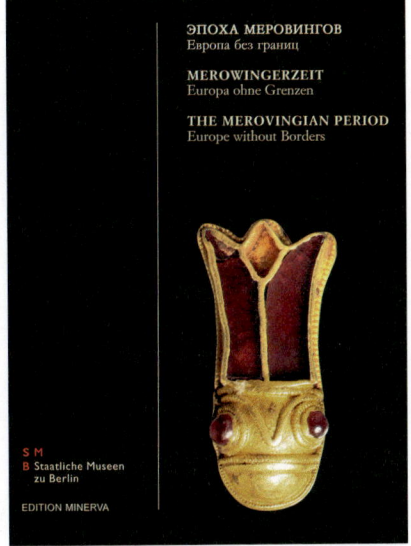

4 Plakat und Katalogtitel der 2007 in Moskau und St. Petersburg gezeigten deutsch-russischen Kooperationsausstellung „Merowingerzeit – Europa ohne Grenzen"

1970   1980   1990   2000   **2010**

Deutsche Wiedervereinigung **1990**

Auflösung der Sowjetunion **1991**

1992 Bilaterale Abkommen zur Rückgabe von Kulturgütern zwischen der Sowjetunion und der Bundesrepublik Deutschland

1999 Duma-Gesetz erklärt ehemals deutsche Kulturgüter zu russischem Eigentum

Gründung der Arbeitsgemeinschaft „Initiative Deutsch-Russischer Museumsdialog" **2005**

Anhang

Russland von 1462 bis 1917

© 2012 Cornelsen

Der Zweite Weltkrieg von 1939 bis 1942

Legend:

Deutsches Reich und Danzig bei Kriegsbeginn September 1939

Italien und Albanien

Verbündete der Achsenmächte 1941

Vordringen der Achsenmächte und ihrer Verbündeten:
- 1. September bis 6. Oktober 1939
- Bis Ende Juni 1940
- Bis Ende Dezember 1941
- Bis Mitte November 1942

POLEN Alliierte bei Kriegsbeginn

Gebiet der westlichen Alliierten November 1940

Von westlichen Alliierten besetztes Gebiet November 1942

Sowjetunion bei Beginn des deutschen Angriffs 22.6.1941

Neutrale Staaten

„État Français" (Vichy-Regierung) seit 10.7.40, mit Kolonialgebieten

WS. = Waffenstillstand

- - - - Staatsgrenzen bei Kriegsbeginn 1.9.1939

Der Zweite Weltkrieg von 1942 bis 1945

Alliierte und von ihnen besetzte Gebiete Ende 1942

Vordringen der Alliierten:
Bis Anfang Oktober 1943
Bis Mitte Dezember 1944
Bis zum Kriegsende Mai 1945

Bei Kriegsende von deutschen Truppen gehaltene Gebiete

Bis Anfang 1945 neutrale Staaten
Bis zum Kriegsende neutrale Staaten

‒ ‒ ‒ ‒ Staatsgrenzen November 1942

Ard. = Ardennen
Avr. = Avranches
Fal. = Falaise

1 Karte zum Deutsch-Sowjetischen Grenz- und Freundschaftsvertrag, Moskau 28. September 1939

Nach dem Sieg über Polen schlossen Deutschland und Russland erneut einen Vertrag. Er korrigierte u. a. die Grenz-ziehungen des Nichtangriffspakts vom 23. August 1939. Ergänzend zu diesem Freundschaftsvertrag existiert eine Karte, die von Joachim von Ribbentrop (deutscher Außenminister) und Josef Stalin unterzeichnet wurde. Bei dem rot markierten Gebiet handelte es sich um das Jagdgebiet des Chefs der Gestapo Hermann Göring.

Mitteleuropa 1945 bis 1949

Besatzungszonen in Deutschland und Österreich

- Amerikanische Zone
- Britische Zone
- Sektorenstädte unter Viermächtestatus
- Poln. verwaltete Gebiete
- Sowjet. verwaltete Gebiete
- Kontrollgebiet d. Internat. Ruhrbehörde 1948–52
- Französische Zone
- Sowjetische Zone
- Nach Potsdamer Abkommen 1945

Grenze des Deutschen Reiches von 1937

Weitestes Vordringen der Westalliierten nach Osten bis 8.5.1945

Grenze zwischen Westzonen u. SBZ seit 1.7.1945

Oder-Neiße-Linie seit Juli 1945

Poln.-sowjet. Grenze nach Vertrag v. 16.8.1945

1945 Gründungsjahr der Länder in Westzonen und SBZ

© 2012 Cornelsen

Berlin 1945 bis 1989

Grenze von Großberlin

Grenze, 13.8.61–1989 Mauer, zwischen Berlin (West) und Berlin (Ost)

- Kontrollpunkt (Kp.)
- gesperrt
- Übergang für Alliierte (C.= Checkpoint Charlie)
- Amerikanischer Sektor
- Britischer Sektor
- Französischer Sektor
- Sowjetischer Sektor
- Sowjetische Besatzungszone, 1949–1990 DDR
- Fern- und S-Bahn
- Eisenbahn außer Betrieb
- Flächenhafte Kriegsschäden im Stadtzentrum 1945
- Flughafen

a = Nach 1945 an sowj. Sektor
b = Nach 1945 an brit. Sektor

© 2012 Cornelsen

Register

A

Abich, Hermann 72
Adalbert 14
Adelheid (Eupraxia) 14 f.
Adenauer, Konrad 111
Akademie der Wissenschaften 43, 60 ff., 64 ff.
Akademie-Expedition 62 ff.
Alaska 62 ff.
Alexander I. 53 f., 70, 72, 74 ff., 81, 84, 86, 88
Alexander II. 53, 55, 83, 98, 103
Alexander III. 53, 55, 90, 98 f.
Alexandra Fjodorowna (Ehefrau Nikolais I.) → Friederike Charlotte Wilhelmine von Preußen
Alexandra Fjodorowna (Ehefrau Nikolais II.) → Alix von Hessen-Darmstadt
Alexandrowka 84 f.
Alexei I. 43 ff., 50
Alexei Petrowitsch 52, 54
Alix von Hessen-Darmstadt (Ehefrau Nikolais II.) 53 ff., 105
Altaigebiet 74 f.
Aufstand des 17. Juni 1953 109

B

Baku 73, 95
Ballets Russes 101
Baltikum 8 f., 30, 68
Bayern 12, 78, 93
Beer, Andreas B. 75
Befreiungskriege 52, 76, 79, 81
Bergakademie Freiberg 74 f.
Bergbauschule von Barnaul 74 f.
Beringstraße 62 f.
Berlin 57 f., 60 f., 64, 66 f., 77, 81, 84 f., 88 f., 97, 100 f., 108 ff., 113
Bernsteinzimmer 56 f., 113
Bogoljubski, Andrei 15
Böhmen 12, 14, 32, 40
Bojaren 21, 23 f., 27, 29, 38 f.
Bolschewiken 96, 104 f.
Brandenburg-Preußen 46 f.
Brandt, Willy 111
Brass, Friedrich Wilhelm 96 f.
Bremen 17, 94
Breslau 32, 38, 77
Brest-Litowsk, Friede von 105
Brjullow, Alexander 90, 99
Brjullow, Karl 90 f.
Bundesrepublik Deutschland (BRD) 57, 69, 83, 108 ff., 113
Byzanz 10, 14, 27, 31, 48, 112

C

Christian Albrecht von Schleswig-Holstein-Gottorf 42 f.
Chruschtschow, Nikita 97, 108 ff.

D

Danzig 40, 46, 62, 72
Dekabristenaufstand 86 ff.
Demidow, Akinfi N. 67, 74 f.
Deportation 30, 50, 62, 69, 104, 106
Der Blaue Reiter 91 ff., 97
Deutsche Avantgarde 96 f., 106
Deutsche Demokratische Republik (DDR) 69, 83, 108 ff.
Deutsche Vorstadt 50 f., 101
Deutsche Wiedervereinigung 69, 110
Deutscher Orden 9, 18 f., 48
Deutsch-Russischer Museumsdialog 113
Die Brücke 91 ff., 97, 110
Djagilew, Sergei 91, 101
Dnjepr 8 ff., 14
Donau 8, 12, 40
Dorpat 18, 22 f., 33, 40, 50
Dostojewski, Fjodor M. 86 ff.
Dreißigjähriger Krieg 31 ff., 68
Dresden 59, 77, 97
Düna 8, 18, 42

E

Elisabeth I. Petrowna 51, 53 f., 56 ff., 62 ff., 74, 98
England 22, 77 ff., 102 f., 110
Eremitage 58 f., 97, 99
Erster Nordischer Krieg → Livländischer Krieg
Erster Weltkrieg 53, 55, 67 ff. 83, 91 ff., 99 ff.
Estland 106
Eupraxia → Adelheid
Evangelisch-lutherische Kirche 55, 60 f., 68, 71, 73, 75, 81, 91, 99
Ewfimi II. 26 f.

F

Facettenpalast 26
Falk, Hans/Iwan 49
Fernhandel 12 f., 20, 42
Flandern 22, 29
Frankfurt/Oder 66, 113
Frankreich 68, 76 ff., 87
Französische Revolution 51 f., 61 ff., 67, 76 ff.
Friede von Tilsit 76 ff., 81, 84
Friederike Charlotte Wilhelmine von Preußen (Ehefrau Nikolais I.) 55, 84 f., 89
Friedrich I. (Preußen) 46 f., 56, 80
Friedrich I. Barbarossa 15 f.
Friedrich II. „der Große" (Preußen) 56 ff., 76, 80
Friedrich II. 15 f.
Friedrich III. (Kurfürst) → Friedrich I. (Preußen)

Friedrich III. von Schleswig-Holstein-Gottorf 42 f.
Friedrich August II. Kurfürst von Sachsen (August III. König von Polen) 59
Friedrich Wilhelm I. 56, 68, 82
Friedrich Wilhelm II. 80
Friedrich Wilhelm III. 75 ff., 81, 84
Friedrich Wilhelm IV. 84, 89
Friedrich Wilhelm von Brandenburg, „der Große Kurfürst" 45 ff.

G

Gebler, Friedrich (Fjodor) von 75
Genossenschaft für proletarische Kunst 96 f.
Georgi, Johann Gottlieb 63
Georgien 72
Gesellschaft für Deutsch-Sowjetische Freundschaft 109
Giovanni Rossi, Carlo di 84
Glasnost 69, 112
Goethe, Johann Wolfgang von 86 ff.
Gogol, Nikolai W. 86 ff.
Goldene Horde 19, 21, 25, 48
Gorbatschow, Michail 69, 109 ff.
Gorki, Maxim 87, 100
Gotenhof 16, 22, 28 f.
Gotland 16 ff., 25
Göttingen 60 f., 64, 66 f.
Gottorfer Riesenglobus 43
Gotzkowsky, Johann Ernst 58 f.
Griechen 16, 48, 74
Große Nordische Expedition 62 ff.
Großer Nordischer Krieg (1700-1721) 52 ff., 82
Großer Türkenkrieg 44 ff., 52
„Großer Vaterländischer Krieg" 107

H

Haithabu 10 f.
Halle 60, 64, 66, 96
Hamburg 16, 22, 42, 73, 77, 82
Hanse 18, 20 ff.
Heiliges Römisches Reich Deutscher Nation 9, 14 ff., 31 f., 34, 37 f., 40, 44
Heine, Heinrich 87 ff.
Heiratsdiplomatie, Heiratspolitik 14 f., 31, 52 f., 84
Herberstein, Sigmund von 34 f.
Hitler-Stalin-Pakt 106 f.

I

Industrialisierung 68, 82, 102
Italien 34 f., 48, 58, 81, 84
Iwan III. „Sammler der russischen Erde" 21 ff.
Iwan IV. „der Schreckliche" 19, 25, 31 ff.

J

Jaroslaw „der Weise" 10 ff., 20
Jawlensky, Alexej von 92
Jekaterinburg 74, 98
Jena 60, 66, 75 ff., 81
Jörg von Thurn 32, 44

K

Kamtschatka-Expedition 62 ff.
Kandinsky, Wassili 91 ff.
Karamsin, Nikolai M. 86, 88
Karl „der Große" 10 ff.
Karl Peter Ulrich Herzog von Holstein-
    Gottorf → Peter III.
Karl V. 35 ff., 48 ff.
Kasachstan 69 ff., 75, 95, 109
Kasan 35 ff., 45 ff.
Kasimir IV. von Polen 14, 32
Kaspisches Meer 8, 10, 42, 72
Katharina II. („die Große") 34, 52 ff., 98
Katholische Kirche 22, 25, 29, 35, 71, 90, 99
Kaukasus 11, 72 f.
Khasaren 11
Kiewer Rus 9, 11, 13 f., 18, 20 f., 24, 32, 36, 61
Kirgisien 70
Klaproth, Heinrich Julius von 72
Knoop, Ludwig 102
Kobenzl von Prossegg, Hans 38 f.
Kohl, Helmut 69
Kolbe, Georg 101
Kollaboration 69
Kollektivierung 71, 106
Kolonisten 9, 68 ff., 94 f., 106
Kommunistische Internationale (Komin-
    tern) 96 f.
Kommunistische Partei Deutschlands
    (KPD) 95, 106, 108 ff.
Königreich Polen 14 f., 30 ff., 57 ff., 76 ff., 78
Königsberg 38, 57, 66 f.
Konstantinopel 8, 10 ff., 21 ff., 29 ff.
Konvention von Tauroggen 77, 81
Kreml 20 f., 26 f., 42, 48, 51, 95, 101, 103, 111
Krimtataren 48
Krupp 73, 103
Kulturaustausch 33, 106
Kulturgüterabkommen 112 f.
Kunstkammer Peters I. 62, 64 f.
Kunstraub 112

L

Leibniz, Gottfried Wilhelm 60 f.
Leipzig 60 f., 66 f., 77, 81, 86, 101
Lenin, Wladimir Iljitsch 105
Leningrad 97, 112
Lenné, Peter Joseph 84
Lermontow, Michail J. 86, 88
Lettland 106

Litauen 18, 27, 30 ff., 46, 48, 81
Livland 9, 18, 23, 25, 30 ff., 48 ff., 106
Livländischer Krieg (1558-1583) 31 ff., 48 ff.
Livländischer Orden 30 f., 48
Lomonossow, Michail Wassiljewitsch 43,
    61, 66 f.
London 22, 99, 105
Louise Marie Auguste Prinzessin von
    Baden → Elisabeth Alexejewna
Lübeck 16 ff., 25, 32 f., 48, 77, 102
Ludwig der Deutsche 12
Luftbrücke 110
Lukasbruderschaft 90

M

Macke, August 92
Magdeburg 12 f., 27
Magyaren 11 f., 14
Marc, Franz 91 ff.
Mariä-Entschlafens-Kirche 15, 112 f.
Marienkirche (Frankfurt/Oder) 113
Mark Brandenburg 40, 46 f.
Maximilian I. 31 ff., 44
Maximilian II. 38 ff.
Memel 40, 76, 79, 81
Mennoniten 70
Messerschmidt, Daniel Gottlieb 62 ff.
Michail Fjodorowitsch Romanow 42 ff.
Moskau/Moskowiter 21, 24 f., 30 ff., 60 f.,
    66 ff., 79, 84 f., 92 ff., 97 f., 100 ff., 106,
    110 ff.
Moskauer Künstlertheater 100 f.
Moskowien → Moskau
München 91 ff., 97, 105
Münter, Gabriele 92

N

Napoleon Bonaparte 52, 54, 61, 67, 76, 77 ff.,
    84, 86, 88
Napoleonische Kriege 51, 67, 78 f., 84
Narwa 98, 102
Nazarener 90 ff.
Neue Deutsche Freiheit 48, 50 f.
Neue Künstlervereinigung München
    (NKVM) 91 ff.
Newski, Alexander (Alexander Jarosla-
    witsch) 18 f., 31, 81, 85, 98 f.
Niebuhrfrieden 23
Niederlande 42, 49, 58 f., 64, 66, 80 ff., 84
Nijinsky, Waclaw 101
Nikolai I. 53 ff., 67, 85 ff., 90, 98
Nikolai II. 53 ff., 83, 98, 104
Nikolskoe 84 f.
Nobel, Ludwig und Robert 73
Nordostpassage 63
Normannen 10 ff.

Nowgorod 9 f., 16 ff., 68, 112 f.
Nürnberg 15, 32, 49, 102

O

Odessa 92, 102
Olearius, Adam 38, 42 f., 49, 72
Oleg „der Weise" 14
Olga Nikolajewna (Königin von Württem-
    berg) 54 f.
Olga von Kiew 10 ff.
Orscha 32, 38
Orthodoxes Christentum 9, 14, 16, 19, 25,
    32, 36 f., 50, 55, 84 f., 91, 98 f., 112
Osmanisches Reich 34, 48, 68, 72
Österreich 34, 56, 59, 77 ff.
Ostsee 8, 10 ff., 14, 16, 18 f., 23, 27, 29, 31 f., 42,
    56 f., 82 f.

P

Pallas, Peter Simon 62 ff.
Paul I. 53 f., 67, 70 ff.
Pawlowa, Anna 100 f.
Peipussee, Schlacht am 18 f.
Perestroika 69, 112
Persien 42 f., 72 f.
Peter I. („der Große") 31, 43 f., 47, 49 ff., 68,
    72, 82, 98
Peter III. 52 f.
Peterhof 22, 24, 26 ff., 74, 85, 113
Petrograd → Sankt Petersburg
Pleskau 18, 32
Plettenberg, Wolter von 31
Polen-Litauen 30 ff.
Pommern 40, 58
Potemkin 44
Potsdam 80, 84 f.
Prag 12 f., 40, 109 f.
Preußen 46 f., 52, 55 ff., 67, 76 ff., 84, 88 f.,
    104
Printz, Daniel 38 ff.
Provisorische Regierung 105
Pskow → Pleskau
Puschkin → Zarskoje Selo
Puschkin, Alexander S. 86, 88

R

Radde, Gustav 72
Rapallo, Vertrag von 106
Rasputin 55
Rastrelli, Bartolomeo Francesco 56
Rat der Volkskommissare 105
Rätesystem 104
Rauch, Christian Daniel 57, 89
Regensburg 12 f., 40 f.
Reichstag in Nürnberg (1491) 32
Reichstag in Regensburg (1576) 39 ff.
Reif (Reyff), Heinrich 46

Religionsfreiheit 50, 70
Renovantz, Hans Michael 75
Reparationen 83, 109
Restauration 90 ff.
Reval 22 f., 33, 83
Reyer, Johann 46 f.
Riga 17 ff.
Rostock 33, 66
Rote Armee 107, 112
Rurikiden 11, 14 f., 19, 50, 52
Rurikowo Gorodischtsche 10 ff., 20
Rus → Kiewer Rus
Russische Avantgarde 93, 97, 106
Russische Revolution 1917 53, 57, 69, 71, 73, 75, 93, 96, 99, 101, 103, 105
Russisches Ballett → Ballets Russes
Russisch-türkischer Krieg 57 ff., 68

S
Sachsen 9, 12, 16, 58 f., 71, 74 f.
Sammlung Gotzkowsky 58 f.
Sankt Petersburg 19, 34, 43, 56 ff., 66 ff., 74 f., 78, 82, 84 f., 89, 92, 96, 98 f., 101 ff., 105 f., 113
Saratow 97
Sarepta 71
Schiller, Friedrich 86 ff.
Schinkel, Karl Friedrich von 84 f.
Schlesien 40, 80 f.
Schleswig 10 f., 16, 42 f.
Schukowski, Wassili A. 86, 88 f., 91
Schutzstaffel (SS) 107
Schwarzmeergebiet 8, 68, 70, 72
Schweden 11, 18, 42, 48, 52, 56, 73, 77, 82
Schweiz 81, 93, 105
Seritsa, Schlacht von 31
Sibirien 47, 57, 62 ff., 69 ff., 74 f., 83, 105
Siebenjähriger Krieg 57 ff., 66 f., 80
Siemens/Siemens & Halske 68, 73, 102 f.
Skandinavier 8, 10 ff., 61, 74
Slawen 9 ff., 14, 16, 34, 61
Smolensk 17, 38
Smolina-See, Schlacht am 30 f.
Sofija Alexejewna 43 ff., 47
Sophia Palaiologos (Zoë) 31, 48
Sophie Charlotte von Braunschweig-Wolfenbüttel 54
Sophie Dorothea Prinzessin von Württemberg → Maria Fjodorowna
Sophie Friederike Auguste von Anhalt-Zerbst → Katharina II.
Sophienkathedrale 21, 26 f.
Sowjet 105, 111 f.
Sowjetarmee → Rote Armee
Sowjetische Besatzungszone (SBZ) 108 ff., 112

Sowjetische Militäradministration (SMAD) 108 f.
Sowjetunion 57, 65, 69, 71, 83, 94 ff., 105 ff.
Sozialdemokratische Arbeiterpartei Russlands 104 f.
Sozialdemokratische Partei Deutschlands (SPD) 96, 108 ff.
Sozialistische Einheitspartei Deutschlands (SED) 108 ff.
Sozialistischer Realismus 95, 97
Spätaussiedler 69
Staël, Anne Louise Germaine de 87
Stalin, Josef 71, 73 ff., 95, 97, 99, 105 ff.
Staraja Ladoga 10
Stassow, Wassili P. 85
Stein, Karl Freiherr vom und zum 76, 78
Steller, Georg Wilhelm 63
Stettin 16, 41, 83
Stieglitz, Ludwig 98, 102
Sugorski, Sachar Iwanowitsch 39, 40
Susdal 15, 19, 21

T
Tannenberg, Schlacht bei 104 f.
Tataren 13, 18, 20, 31 f., 35, 47 f., 62 ff.
Teilung Deutschlands 107, 110
Teilungen Polens 57 ff., 76, 78 ff., 106
Thon, Konstantin 98
Thyssen 73, 103
Tiflis 72 f.
Tolstoi, Alexei N. 100
Tolstoi, Lew N. 87 ff., 100
Transsibirische Eisenbahn 103
Trophäenkommissionen 112
Tschaikowski, Peter I. 88
Tschechow, Anton P. 87, 100
Tübingen 60, 66
Türken 30, 32, 44 ff., 51

U
UdSSR → Sowjetunion
Ukraine 11, 105
Ulbricht, Walter 108 ff.
Uljanow, Wladimir Iljitsch → Lenin, Wladimir Iljitsch
Unternehmen Barbarossa 106
Ural 62, 64 f., 69, 74 f., 98, 106
USA 63 ff., 73, 105 f., 110 f.

V
Veldten, Georg Friedrich 98
Venedig 29, 37, 90
Vertrag von Kalisch 77
Vier-Mächte-Status 110 f.
Visby 16, 23
Vogeler, Heinrich 94 f.
Völkerschlacht von Leipzig 77, 81

Vorderer Orient 22, 42, 72
Vormärz 86 ff.

W
Waräger 8, 10 ff., 20, 28, 42
Warschauer Pakt 109 f.
Wassili III. 30 ff.
Wehrmacht 69, 95, 106 f.
Weimar 89
Weimarer Republik 69, 94, 96, 99, 105 f.
Weißrussland 105
Werefkin, Marianne von 92 f.
Wetsche (Volksversammlung) 21
Wien 30, 32, 34, 36, 38 f., 44 ff., 51
Wiener Kongress 52, 54, 77 ff., 90 ff.
Wilhelm I. von Württemberg 54
Wilhelm II. 94, 99, 100, 104
Wilhelmine von Hessen-Darmstadt 53
Winterpalast 56 ff., 82, 103, 105
Wittenberg 32, 60
Wittgenstein, Peter Christian Graf 81
Wladimir 13, 15, 18 f.
Wladimir Wsewolodowitsch Monomach 13
Wladislaw II. von Böhmen 32
Wogau, Maximilian von 102
Wolchow 8, 20, 23
Wolff, Christian 60 f., 66
Wolfsohn, Wilhelm 86 ff.
Wolga 8 ff., 19, 42, 64 f., 68 ff.
Wolgadeutsche 70
Wsewolod von Kiew 15
Württemberg 54 f., 72, 78

Y
Yorck von Wartenburg, Johann David Ludwig 76 f., 80 f.

Z
Zar 31 ff., 41 ff., 66 ff., 72, 74 ff., 78, 82, 84 f., 89 f., 99 ff., 104 f.
Zarskoje Selo 56 f., 98, 102
„Zeit der Wirren" 31 ff., 48, 50
Zensur 86, 109
Zentralasien 71, 104
Zinzendorf, Nikolaus Graf von 71
Zöe → Sophia Palaiologos
Zwangsarbeit 105
Zweite Beringexpedition → Große Nordische Expedition
Zweite Kamtschatka-Expedition → Große Nordische Expedition
Zweiter Nordischer Krieg → Großer Nordischer Krieg
Zweiter Weltkrieg 57, 69, 71, 73, 75, 83, 95, 97, 99, 101, 106 f., 110, 112

Die folgenden Texte, auf deren Grundlage die Beiträge für diesen Band verfasst wurden, sind dem Band Russen und Deutsche – 1000 Jahre Kunst, Geschichte und Kultur. Essayband zur gleichnamigen Ausstellung, hrsg. v. Ministerium für Kultur der Russischen Föderation (Moskau), Stiftung Preußischer Kulturbesitz (Berlin), Staatliches Historisches Museum Moskau (Moskau), Museum für Vor- und Frühgeschichte, Staatliche Museen zu Berlin. Stiftung Preußischer Kulturbesitz Berlin, Michael Imhof Verlag, 2012 entnommen.

Abramowa, Julija: Deutsche Fachleute im Bergbau und Hüttenkomplex im Altaigebiet des 18. und 19. Jahrhunderts

Andrejew, Andrei: Studenten aus dem Russischen Reich an deutschen Universitäten vom 18. bis zur ersten Hälfte des 19. Jahrhunderts

Angermann, Norbert: Nowgorod und die Hanse

Antipow, Ilja und Jakowlew, Dmitri: Der Facettenpalast in Weliki-Nowgorod – ein Denkmal der Zusammenarbeit deutscher und Nowgoroder Meister

Bardowskaja, Larissa: Das Bernsteinzimmer. Russland und Preußen – 300 Jahre einer besonderen Beziehung

Besotosnyi, Wiktor: Die russisch-preußische Militärzusammenarbeit in der Zeit der Napoleonischen Kriege

Bessudnowa, Marina: Deutsche und Moskauer – von Angst und Misstrauen zu Verständnis und Zusammenarbeit

Biermann, Felix: Nowgorod – das Zentrum russisch-deutscher Kontakte im späten Mittelalter

Blauert, Elke: Alexandrowka und die Verbindungen der Dynastien

Carnap-Bornheim, Claus von: Zwischen Sliaswig/Schleswig und Nowgorod – Handel als Motor früher Kontakte

Creuzberger, Stefan: „Wozu sollen wir uns hinter dem Rücken von Genossen Ulbricht verstecken?" – Nikita Chruschtschow und der lange Weg zur Berliner Mauer

Dahlmann, Dittmar: Deutsche Forschungsreisende in Russland vom 18. bis zur Mitte de 19. Jahrhunderts

Danilewski, Rostislaw und Misailidi, Ljudmila: Wassili Andrejewitsch Schukowski und die deutsche Kultur

Dedinkin, Michail: Die erste Sammlung der deutschen Avantgarde in Sowjetrussland

Frötschner, Reinhard: Freiherr Sigismund von Herberstein und die „Entdeckung" Russlands in der ersten Hälfte des 16. Jahrhunderts

Gluschak, Wassili: Die wechselseitige Wahrnehmung von Russen und Deutschen von den Anfängen bis zur Gegenwart

Hartmann, Anne: Verpasste Freundschaft. Zur sowjetischen Präsenz im öffentlichen Leben der SBZ und DDR

Heller, Klaus: Der Beitrag der Deutschen bei der Technisierung und Industrialisierung im späten Zarenreich

Hoberg, Annegret: München leuchtet: Kandinsky, Jawlensky, Werefkin und „Der Blaue Reiter"

Iwanowa, Natalja: Graf Yorck von Wartenburg in der Geschichte Russlands und Deutschlands

Jahn, Peter: Deutsche und Russen im Zweiten Weltkrieg

Katzer, Nikolaus: Literarische Wechselbeziehungen im 19. Jahrhundert

Klimowski, Sergei: Die deutsch-russischen maritimen Beziehungen im 18. bis zu Beginn des 20. Jahrhunderts

Kowalenko, Gennadi: „Die Stadt der Erinnerungen an die Hanse" – Nowgorod in den Augen deutscher Reisender in der Zeit vom 16. bis 19. Jahrhundert

Kowrigina, Wera: „… Deutsche Stadt: groß und belebt …" – das Deutsche Viertel in Moskau im 17. und 18. Jahrhundert

Kusber, Jan: Das Zarenreich und die deutschen Staaten im Banne Napoleons

ders.: Weltkrieg, Revolution und Systemwechsel. Deutsch-russische Kontakte in Zeiten des Umbruchs

Lawrentjewa, Ljudmila: Die Reise, die sechs Jahre dauerte. Material zu den Völkern des Wolgagebiets aus der Sammlung von P. S. Pallas im Museum für Anthropologie und Ethnographie

„Peter der Große" der Russischen Akademie für Wissenschaften

Ljubin, Dmitri: Vom kaiserlichen Deutschland ins sowjetische Russland – zwei Seiten und zwei Leben des Künstlers Heinrich Vogeler (zu seinem 140. Geburtstag)

Lübke, Christian: Der Blick nach Osten: Frühe Kontakte und Strategien zwischen Rhein und Dnjepr

Männl, Ingrid: Johann Reyers Mission nach Moskau 1688/89 und seine diplomatischen Geschenke

Markina, Ljudmila: Deutsche Prinzessinnen – Russische Zarinnen

dies.: Rendezvous in Rom. Treffen am Tiber. Russische und deutsche Künstler in der ersten Hälfte des 19. Jahrhunderts in Rom

Menghin, Wilfried: Wahrnehmung – Die Gesandtschaftsreisen in den Jahren 1575/1576

Nasarenko, Alexander: „Die Rus und andere östliche Völker dürfen steuerfrei Handel treiben…". Handelsbeziehungen zwischen altrussischen und deutschen Ländern in der vormongolischen Zeit

Nawroth, Manfred: Deutsche im russischen Kaukasus bis zum Beginn des 20. Jahrhunderts

Nekrasowa, Swetlana: Dokumentation der während des Zweiten Weltkriegs verloren gegangenen Museumsschätze und ihrer Rückführung aus Deutschland

Nikandrow, Nikolai: Kulturschätze Russlands – Zeugen und Opfer des Zweiten Weltkriegs. Die „Kriegsernte" des Einsatzstabs A. Rosenberg

Ogorodnikowa, Ira: Moskauer Lutherische Schulen am Ende des 17. bis zum Beginn des 18. Jahrhunderts

Orlowa, Marija: Lew Kopelew und sein Wuppertaler Projekt

Parzinger, Hermann: Russen und Deutsche – es begann vor 1000 Jahren

ders.: Schlusswort und Ausblick

Raev, Ada: „Da kamen die Russen und öffneten das Tor" (Max Osborn) – Russisches Theater und Ballett in Berlin vor dem Ersten Weltkrieg

Sawinowa, Jekaterina: Modelle nach den Entwürfen deutscher Architekten aus dem Bestand des wissenschaftlichen Forschungsmuseums der Russischen Kunstakademie

Scharf, Claus: Die dynastischen „Wechselheiraten" zwischen Russland und Deutschland vom 16. Jahrhundert bis 1917

Schauerte, Günther: Kriegsbedingt verlagerte Sammlungsbestände der Staatlichen Museen zu Berlin in russischen Museen

Schenk, Frithjof: Alexander Newski. Ein antideutscher Held im russischen kulturellen Gedächtnis?

Schepkowski, Nina: Katharina II. und der Ankauf der Sammlung Gotzkowsky – ein Berliner Gemäldekabinett im Spannungsfeld preußisch-russischer Bündnispolitik

Schierle, Ingrid: „Paradies der Gelehrten"? Deutsche in Wissenschafts- und Bildungseinrichtungen im Russischen Reich im 18. Jahrhundert

Schlögel, Karl: Das russische Berlin – „Stiefmutter unter den russischen Städten"

Schneider, Ulrich: Das doppelte Antlitz Russlands – Adam Olearius und seine „Vermehrte Newe Beschreibung der Muscowitischen und Persischen Reyse" von 1656

Stricker, Gerd: Deutsche Siedler auf russischem Boden

Sykow, Nikolai: Der Erwerb der Sammlungen Gotzkowsky und Brühl durch Katharina II. – die Anfänger der kaiserlichen Eremitage.

Willers, Johannes: Hans Falk, der Glocken- und Kanonengießer – ein Versuch der Rekonstruktion seines Lebenslaufs

Bildquellen:

Umschlagbild: Herre edition, Foto: Volkmar Herre; S. 3 Ikone: Scan (Detail) aus: Katalog Nowgorod 2003, 61 (s. u.), Armilla: Germanisches Nationalmuseum, Nürnberg; S. 4 Porträt Peter: Staatliche Eremitage St. Petersburg, Karte der Wolgakolonien: Privatbesitz Stricker; S. 5 Gesandtschaft: Museen der Stadt Regensburg, Historisches Museum, Frauenkopf: bpk/Nationalgalerie, SMB / Jörg P. Anders; S. 6 Herberstein: BSB München; [Biogr. 517 m] Türkenplatte: Staatliches Kulturhistorisches Museumsreservat Moskauer Kreml (Moskau), Betende Russen: Museen der Stadt Regensburg, Historisches Museum; S. 7 Betende Russen: Museen der Stadt Regensburg, Historisches Museum, Porträt von Elisabeth Alexejewna: Staatliche Eremitage St. Petersburg; S. 8 Vertragsdarstellung: Russkaja letopisnaja istorija. Kniga 17: 1483–1502 gg. Moskva 2010, S. 182, Buch mit Unterschriften: Russisches Staatliches Archiv der Alten Akten (Moskau); S. 8,1 MFV Berlin/C. Plamp; S. 9 Buch mit Unterschriften: Russisches Staatliches Archiv der Alten Akten (Moskau), Karte Kamtschatka: SUB Göttingen, Abt. Alte Drucke; S. 9,2 Cornelsen Verlag; S. 10,1 Archäologisches Landesmuseum, Schloss Gottorf; S. 10,2 Petersburger Dialog e. V.; S. 11,3 Archäologisches Landesmuseum, Schloss Gottorf; S. 12,1 Staatliches Historisches Museum (Moskau); S. 13,2 Musée d´art et d´historie, Genéve; S. 14,1 Staatsbibliothek zu Berlin; S. 15,2 Germanisches Nationalmuseum, Nürnberg; S. 16,1 Staatliche Eremitage St. Petersburg; S. 17,2 Petersburger Dialog e. V.; S. 18,1 Deutsches Historisches Museum, Berlin; S. 19,2 wikimedia commons; S. 20,1 Foto: F. Biermann; S. 20,2 Scan aus Janin 2001, 85, Abb. 6 (s. u.); S. 21,3 Scan (Detail) aus: Katalog Nowgorod 2003, 61 (s. u.); S. 21,4 Scan aus Janin 2001, 80, Abb. 4 (s. u.); S. 22,1 wikimedia commons; S. 23,2 Herre edition, Foto: Volkmar Herre; S. 24,1 Scan aus Choroschow 2001, 163 Abb. 14 (s. u.); S. 25,2 Museumsreservat der Stadt Nowgorod, Weliki Nowgorod; S. 25,3 St. Annen Museum, Lübeck; S. 26,1 erstellt durch D. Yakovlev; S. 27,2 Foto aus Privatbesitz N. Angermann; S. 27,3 Foto: R. Knapinsky; S. 28,1 Museumsreservat der Stadt Nowgorod, Weliki Nowgorod; S. 28,2 Museumsreservat der Stadt Nowgorod, Weliki Nowgorod; S. 28,3 Museumsreservat der Stadt Nowgorod, Weliki Nowgorod; S. 29,4 Museumsreservat der Stadt Nowgorod, Weliki Nowgorod; S. 29,5 Museumsreservat der Stadt Nowgorod, Weliki Nowgorod S. 29,6 Museumsreservat der Stadt Nowgorod, Weliki Nowgorod; S. 30,1 Petersburger Dialog e. V.; S. 31,2 Germanisches Nationalmuseum, Nürnberg; S. 32,1 Russkaja letopisnaja istorija. Kniga 18: 1503–1528 gg. Moskva 2010, S. 282; S. 33,2 Privatbesitz Heeb; S. 34,1 Staatsgalerie Stuttgart; S. 34,2 BSB München; [Biogr. 517 m]; S. 35,3 Russkaja letopisnaja istorija. Kniga 17: 1483–1502 gg. Moskva 2010, S. 182; S. 36,1 BSB München, [Rar. 2083]; S. 36,2 BSB München, [Rar. 2082]; S. 37,3 BSB München; [Rar. 2082]; S. 37,4 BSB München; [Rar. 2083]; S. 38,1 bpk; S. 39,2 Petersburger Dialog e. V.; S. 39,3 BSB München; [Rar. 2082]; S. 40,1 KHM Wien; S. 40,2 Museen der Stadt Regensburg, Historisches Museum; S. 41,3 Museen der Stadt Regensburg, Historisches Museum; S. 41,4 Museen der Stadt Regensburg, Historisches Museum ; S. 42,1 BSB München; [Bibl.Mont. 1323]; S. 42,2 Landesmuseum für Kunst- und Kulturgeschichte Schloß Gottorf; S. 43,3 Staatliches Kulturhistorisches Museumsreservat Moskauer Kreml (Moskau); S. 43,4 Scan aus Engel P. Karpejew, Der große Gottorfer Globus (St. Petersburg 2003) S. 24 Abb. 11 (s. u.); S. 44,1 Staatliche Eremitage St. Petersburg; S. 44,2 Staatliches Historisches Museum (Moskau); S. 45,3 Staatliches Kulturhistorisches Museumsreservat Moskauer Kreml (Moskau); S. 45,4 Staatliches Kulturhistorisches Museumsreservat Moskauer Kreml (Moskau); S. 45,5 Staatliches Kulturhistorisches Museumsreservat Moskauer Kreml (Moskau); S. 46,1 Russisches Staatliches Archiv der Alten Akten (Moskau); S. 46,2 GStA PK, XX. HA Historisches Staatsarchiv Königsberg, Etatsministerium 131a, Nr. 117; Foto: GSTA PK Bildstelle/Vinia Rutkowski; S. 47,3 Staatliches Kulturhistorisches Museumsreservat

2012; S.96,1 Staatliche Eremitage St.Petersburg/J. Molodkowets; S.96,2 Staatliche Eremitage St.Petersburg/J. Molodkowets S.97,3 Staatliche Eremitage St. Petersburg/J. Molodkowets; S.97,4 Staatliche Eremitage St.Petersburg/J. Molodkowets; S.99,1 Wissenschaftliches Forschungsmuseum der Russischen Akademie der Künste; S.100,1 bpk; S.100,2 Museum des Akademischen Künstlertheaters; S.101,3 Galerie Neue Meister, Staatliche Kunstsammlungen Dresden/Jürgen Karpinsky; S.101,4 Georg Kolbe Museum; © VG Bildkunst, Bonn 2012; S.102,1 Siemens Corporate Archives, München; S.103,2 Mercedes Benz Archive & Sammlungen; S.103,3 Staatliche Eremitage St.Petersburg; S.104,1 bpk/Geheimes Staatsarchiv, SPK/Bildstelle GStA PK; S.104,2 Staatliches Historisches Museum (Moskau); S.105,3 bpk; S.105,4 bpk; S.106,1 BArch RH 2 Bild 02292-093; S.106,2 Deutsch-Russisches Museum Berlin-Karlshorst; S.107,3 bpk; S.107,4 Deutsches Historisches Museum, Berlin; S.108,1 Deutsches Historisches Museum, Berlin; S.109,2 Deutsches Historisches Museum, Berlin; S.109,3 Archiv der Außenpolitik der Russischen Förderation (Moskau); S.111,1 Archiv der Aussenpolitik der Russischen Förderation (Moskau); S.111,2 Archiv der Außenpolitik der Russischen Förderation (Moskau); S.112,1 Foto: Wilfried Menghin; S.112,2 Foto: Wilfried Menghin; S.113,3 Archiv der Stadt Frankfurt (Oder), Foto: Dieter Möller/2005; S.113,4 Staatliche Eremitage St.Petersburg; MVF Berlin; S.115 Cornelsen Verlag; S.116 Cornelsen Verlag; S.117 Cornelsen Verlag; S.118/119 Politisches Archiv des Auswärtigen Amtes (Berlin); 120 Cornelsen Verlag; U3 Cornelsen Verlag

Literatur:

Engel P. Karpejew, Der große Gottorfer Globus (St.Petersburg 2003)

Katalog Nowgorod 2003
Katalog zur Ausstellung Großmächtiges Nowgorod (28. September 2003–18. Januar 2004) Legat-Verlag (Tübingen 2003)

Janin 2001
W. L. Janin, Ein mittelalterliches Zentrum im Norden der Rus´ – Die Ausgrabungen in Nowgorod. In: M. Müller-Wille/W. L. Janin/E. N. Nosow/E. A. Rybina (Hrsg.), Nogorod- Das mittelalterliche Zentrum und sein Umland im Norden Russlands. Studien zur Siedlungsgeschichte und Archäologie der Ostseegebiete 1, Wachholtz Verlag (Neumünster 2001) 75–97

Choroschow 2001
A. S. Choroschow, Haus und Hof- die Grundstücke im mittelalterlichen Nowgorod. In: M. Müller-Wille/ W. L. Janin/E. N. Nosow/E. A. Rybina (Hrsg.), Nowgorod – Das mittelalterliche Zentrum und sein Umland im Norden Russlands. Studien zur Siedlungsgeschichte und Archäologie der Ostseegebiete 1, Wachholtz Verlag (Neumünster 2001) 149–166